全国基层干部学习培训教材

QUANGUO JICENG GANBU XUEXI PEIXUN JIAOCAI

城市基层治理实践案例选编

全国干部培训教材编审指导委员会办公室组织编写

党建读物出版社

出版说明

习近平总书记一直高度重视基层基础工作，他反复强调，基础不牢、地动山摇；基层强则国家强、基层安则天下安。习近平总书记指出，乡村振兴是实现中华民族伟大复兴的一项重大任务，要把解决“三农”问题作为全党工作重中之重；推进国家治理体系和治理能力现代化，社区治理只能加强、不能削弱。习近平总书记要求，要重视和加强基层干部队伍建设，帮助他们深入改进作风、提高能力素质，把基层党组织建设强、把基层政权巩固好。

为深入学习贯彻习近平总书记关于加强基层基础工作、提高基层治理能力等重要指示精神，贯彻落实党中央关于全面推进乡村振兴、健全党组织领导的城乡基层治理体系的决策部署，提高城市和农村基层干部能力和素质，中央组织部组织有关单位聚焦乡村振兴、城市基层治理培训主题，编写了全国基层干部学习培训教材，供各地区各部门和干部教育培训机构以及广大基层干部学习使用。

这批培训教材按照“政策解读、案例示范、实操练习”的总体框架，展示了在习近平新时代中国特色社会主义思想指引下全面推进乡村振兴和城市基层治理的实践成果，是基层干部学习的鲜活宝库和范例。组织基层干部深入学习这批教材，有利于深化基层干部对乡村振兴和城市基层治理重大意义、丰富内涵、生动实践的理解，提高基层干部全面推进乡村振兴、推进基层治理现代化的能力。

全国干部培训教材

编审指导委员会办公室

2021 年 11 月

目录

加强基层政权治理能力建设

健全基层群众自治制度

推进基层法治和德治建设

加强基层智慧治理能力建设

强化基层治理保障

导　言

基层治理是国家治理的基石，统筹推进乡镇（街道）和城乡社区治理，是实现国家治理体系和治理能力现代化的基础工程。社区是党和政府联系、服务居民群众的“最后一公里”。习近平总书记指出，“社会治理的重心必须落到城乡、社区”。

党的十八大以来，以习近平同志为核心的党中央科学把握世界格局的深刻变化和我国新发展阶段的主要特征，将马克思主义普遍原理与我国基层治理实际深入结合，提出了一系列中国特色社会主义基层治理新理念新思想新战略，大力推进基层治理创新实践，全领域、多方面开拓了基层治理新境界。《中共中央　国务院关于加强和完善城乡社区治理的意见》《中共中央　国务院关于加强基层治理体系和治理能力现代化建设的意见》《中共中央办公厅　国务院办公厅关于加强和改进乡村治理的指导意见》《中共中央办公厅关于加强和改进城市基层党的建设工作的意见》等重大政策相继出台实施，一套行之有效的基层治理制度体系逐步形成，基层治理工作的“四梁八柱”逐步构建，党组织统一领导、政府依法履责、各类组织积极协同、群众广泛参与，自治、法治、德治相结合的基层治理体系初步建立，人人有责、人人尽责、人人享有的基层治理共同体建设稳步推进。在构建科学系统的制度体系的同时，基层党组织政治功能和组织力不断增强，党建引领基层治理作用不断强化，基层政权治理能力得到加强，基层群众性自治组织的组织动员能力不断提高，基层法治日趋完善，基层智慧治理能力大幅提升，中国特色社会主义基层治理迸发出强大的实践伟力。

城市是人口密集、需求多元、群体分化的综合场域，2020年，我国常住人口城镇化率已经接近64%。城市基层治理的成效如何，事关巩固党的执政基础，事关广大人民群众安居乐业，事关社会和谐稳定。我国的城市基层治理实践，在共建共治共享的治理制度支持下有效运行，基层治理水平与能力不断提升，治理成效不断显现。全国各地因地制宜，加强和创新城市基层治理，积累了丰硕的创新成果，涌现了许多生动的治理典型，形成了一批可复制、可推广的经验。呈现在大家面前的这本《城市基层治理实践案例选编》，就是党的十八大以来我国城市基层治理成果的集中展示。

本书分6个部分，一共精选了33个典型案例。这些案例，贯穿加强基层治理体系和治理能力现代化建设这一主线，从完善党全面领导基层治理制度、加强基层政权治理能力建设、健全基层群众自治制度、推进基层法治和德治建设、加强基层智慧治理能力建设、强化基层治理保障六个维度，以案释策、以例讲理，对各地在推进城市基层治理过程中的基本做法、取得的主要成效、形成的主要经验进行了系统梳理和介绍。这种利用鲜活材料推广鲜活经验的做法，对于全社会特别是基层干部深化学习、推进工作具有积极作用。

这本案例选编具有如下鲜明特点：其一，全面聚焦城市基层治理。案例约半数从区的层级、半数从街道和社区层级选取，从解决突出问题出发，就增强基层治理能力、向基层放权赋能等给出了有参考价值的范例。其二，始终围绕一条主线。基层是共建共治共享的社会治理制度最重要的应用场域。全书所选案例从不同角度反映了党领导下的政府、基层群众性自治组织、社会组织、社区居民、物业服务企业、驻社区企事业单位等多方治理主体共建共治共享的生动场景。其三，反映最新实践成果。进入新时代，利益冲突、思想观念、社会问题、矛盾纠纷等都出现新的特点。基层治理必须遵循客观规律，从多个方面、多个维度有的放矢，综合施策、协同发力。本案例选编中的大多数案例是近年来基层在治理实践中的有益探索，具有很强的时代性和现实针对性。

完善党全面领导基层治理制度

党建引领　合作共治

——辽宁省沈阳市和平区开展社区治理创新探索

【背景介绍】

辽宁省沈阳市和平区位于市中心区域，是全市的政治、经济、科教和文化中心。全区区域面积 61.06 平方千米，下辖长白岛、满融 2 个经济区和 10 个街道，共有 102 个城市社区，户籍人口 75.13 万人。

和平区积极探索社区治理和服务创新，但在社区治理过程中仍然存在政府管理和居民自治发展不平衡问题，政府主导强，居民自治内生动力不足，社区治理的各种力量没有形成合力：驻区单位参与社区治理的内在动力仍显不足，居民参与热情、组织化程度还不够高；老年人参与多，年轻人参与少；单位型社区居民参与多，非单位型社区居民参与少；被动参与多，主动参与少。

为此，和平区积极推进党建引领下多方合作共治，以“合”“和”为主线开展社区治理创新探索，推进基层治理体系和治理能力现代化。其中，“合”是对治理主体和治理机制的要求，即“合心”“合议”“合力”“合手”；“和”是对治理路径和治理目标的要求，即和谐、和睦、和善、和美。围绕“合”“和”理念，和平区积极构建“社区‘大党委’—网格党支部—楼栋党小组—党员中心户”组织架构，筑牢基层党建“桥头堡”；完善互助机制，引领驻区单位和社区居民共商、共建、共治、共享，资金投入力度不断加大，民生服务网格持续拓展，区域融合、资源共享、开放互通、协商共治的社区治理新格局逐步显现，有效推进了社区治理和服务创新。

【基本做法】

近年来，和平区坚持以改革创新精神，探索完善基层党建引领基层治理的路径，在推进社会治理过程中始终坚持加强基层党的建设、巩固党的执政基础，实现基层党建工作全面加强、不断进步，社会治理有序推进、健康发展。

一、创新工作方式，筑牢基层党建“桥头堡”，推进基层治理体系建设

创新基层党组织设置方式，推动治理“合心”。和平区充分发挥党组织在基层治理中的领导作用，建立由区委、10个街道党工委和46个职能局党委（党组）、98个社区“大党委”、865个党支部构成的社区治理四级党建工作架构，深化“党建引领、多方参与、共建共治共享”的区域化党建工作机制。构建“区—街—社区”三级党群服务中心，搭建“党建引领、合和共治综合指挥应用平台”，丰富线上智慧党建工作体系，形成党委统领智慧治理的“全链条”工作体制机制，实现网络平台和实体大厅、线上运行和线下服务一体化，推动基层党组织政治功能更加突出、党员干部作风持续转变、治理服务能力不断提高。和平区重视培育社区领头雁队伍，依托“胡静琴书记工作室”建立与邻为善、以邻为伴“两邻学院”，选强人、育新人，打造“硬核”社区党支部书记队伍。通过选配党

性强、能力强、服务意识强的社区网格党支部书记和群众基础好、威信高、工作能力强的网格党支部班子成员，充分发挥网格带头人作用。

创新基层党组织引领方式，社区协商实现过程“合议”。和平区从居民最需要、利益关系最密切的事情做起，坚持以项目为载体，通过将党的政治优势、组织优势和密切联系群众优势转化为治理优势，发动群众共同参与社区治理，不断完善社区矛盾纠纷多元预防调处化解综合机制，形成同谋划、同参与、同决策、同执行、同监督的“五同”全过程议事协商工作流程。

创新基层党组织共建方式，多方参与形成主体“合力”。和平区坚持党建带工建、带团建、带妇建，依托党员先锋队、头雁领航队和志愿服务队三支示范队伍，引导工会组织提供信访接待、政策咨询及法律咨询、就业辅导等服务，引导共青团组织开展文化学

和平区电业社区召开“文明楼院，和谐邻里”恳谈会

习、联谊交友及心理咨询等活动，引导妇联组织提供心理疏导、婚姻家庭问题及家庭教育指导等服务，不断扩大社会服务和社会管理覆盖面。培育发展社区社会组织22家，培育基层备案类社会组织1123家，涵盖公益慈善、文体活动、社会帮扶等各类社会组织，涌现出如律动公益、益新公益、“惠万民”、“九大妈”等知名的社会组织公益品牌。坚持应建尽建原则，在社会组织中建立党组织，确保党对社会组织的领导。新冠肺炎疫情期间，由30多家社会组织共计560余人组成的志愿者队伍深入社区，开展疫情排查、心理援助、防疫宣传、跑腿送货等多种服务，为打赢防疫攻坚战贡献力量。

创新基层党组织工作体系，网格延伸形成多力量“合手”。和平区推进现代化社会治理“网格+”在社区的应用。依托“党建引领、合和共治综合指挥应用平台”，开发网格精细化管理“指尖和平”手机App，负责区内社区建设过程中的指挥调度、数据考核、任务分解、指导培训、组织动员居民参与社区治理等工作，统筹全区“网格+”多力量合一。

二、完善互助机制，推动基层“大邻里”更和善，不断提升社区治理效能

以区域党建为纽带，资源下沉助力社区和谐。和平区针对社区需求，进一步深化区域化党建联盟作用，整合联盟单位资源，将政府部门的公共管理和服务机制、服务项目、服务资源下沉到社区，个性化设计社区平安、教育、健康、养老、创业、环保、文体、安全、物业等9个特色项目模块，为居民提供精准有效服务。如平安模块项目将智能感知人工智慧技术应用到社区安防工作中，极大

提高了小区技防水平；养老模块项目搭建品质社区养老服务平台、“120养老救助服务平台”，为老年人提供精准服务。

以党建促家风，文化沁润推动家庭和睦。和平区发挥党员的先锋模范作用，要求党员在家风建设中“学、讲、管、改、带、帮”，引导居民树立正确的家庭教育价值导向，推动良好家风建设。截至2021年8月，在全区党员中征集家规家训3100多条，每年开展家庭教育讲座近50场，受众达1.5万人次，形成了以党建促家风的良好氛围。同时，围绕爱国、敬业、诚信、友善的基本道德规范，进行最美家庭评选活动。为加大宣传力度，成立了和平区家风报告团。截至2021年8月，全区优选70多名家庭代表深入各街道和社区进行巡回报告。

以邻里关系为抓手，“两邻”互助带动邻里和善。和平区通过实施党建聚邻工程，在社区层面开展“社区家”建设，将“两邻”文化作为邻里建设的突破口，建设与邻为善、以邻为伴的“两邻”社区。和平区还建立起互助机制，以家庭为单位开展志愿服务、邻里互助活动，通过搭建各类活动载体，试行邻里服务积分兑换制度，培育社区居民的志愿精神，激活社区居民自治和参与机制。如沈阳市乐居社会工作服务中心通过整合社会、文化、人居等多方社会资源开展公益性活动，旨在将“两邻”工作真正嵌入社区治理体系，在社区内部、邻居之间营造“邻里守望”的良好氛围。

以家园建设为目标，美化净化实现小区和美。和平区通过完善小区管理体系和议事协商机制，按照“一个社区一个‘人民设计师’，一个小区形成一张图纸”的方式开展设计工作，在小区公共空间内设计楼院小景、建筑小品、健身园、花墙、花园、藤架等项目，重视发挥居民能动性和创造力，让居民从美化家园等小事做起，通过社区生态文明、特色文化等建设，共同缔造美好人居环境、融洽邻里关系，培育居民对社区的热爱之情。

专家点评

推进基层治理体系和治理能力现代化建设最根本的一条就是加强党对基层治理的全面领导，发挥基层党组织战斗堡垒和党员先锋模范作用，不断把党的领导优势和组织优势转化为基层治理效能。沈阳市和平区充分发挥党组织在基层治理中的领导作用，建立健全社区治理四级党建工作架构，重视培育社区领头雁队伍，凝聚工会组织、共青团组织、妇联组织、社区社会组织、社区居民等各方资源，逐步形成了党组织领导“合心”、全过程“合议”、多主体“合力”、多力量“合手”的“党建引领、合作共治”的社区治理新模式。

该模式的突出特点在于：第一，把党的领导贯穿基层治理全过程、各方面，重塑社区治理机制、方式和路径；第二，打造“硬核”基层党员干部队伍，有效落实党建引领基层治理。“党建引领、合作共治”的社区治理模式作为有益尝试，为加强基层党组织建设、推进基层治理体系和治理能力现代化建设提供了可借鉴的经验。

坚持党建引领　增强基层治理能力

——甘肃省金昌市金川区构建共建共治共享基层治理新格局的实践

【背景介绍】

街道堆放垃圾、小区私搭乱建、汽车违规停放、邻里关系不睦、困难无处倾诉、文化氛围缺失，这些在城市社区常见的问题，也曾是困扰甘肃省金昌市金川区各个社区居民群众的“顽症”。金川区直面社区存在的难点、痛点、堵点问题，紧紧牵住党建引领基层治理的“牛鼻子”，积极动员多方主体共同参与社区治理，实现了让“党群凝起来、居民动起来、资源链起来、服务优起来、社区活起来、治理实起来”的治理目标。

近年来，为加强党对基层治理的全面领导，全面激发基层社会治理内生活力，金川区大力开展城市基层党建提升行动，从坚持党建引领，着力增强基层治理能力，强化自治、法治、德治“三治”融合，有效激发基层治理活力，聚焦服务质量，不断提升基层治理水平等主要工作入手，推动基层党建与基层治理深度融合，着力构建区域统筹、条块协同、上下联动、共建共治共享的基层治理新格局。

【基本做法】

近年来，金川区委、区政府通过积极探索与实践，着力构建具有金川特色的共建共治共享基层治理新格局。

一、坚持党建引领，完善党全面领导基层治理制度

坚持党建引领基层治理，逐级建立城市基层党建联席会议制度，充分发挥街道“大工委”和社区“大党委”领导作用，建立需求、资源、项目三张清单，认真落实党员“双报到、双服务、双报告”制度，有效统筹社区党组织和单位、行业党组织的力量，实现党组织的有形覆盖、党的工作的有效覆盖，形成了社区治理共建、资源力量共享、急事难事共议的良好局面。

在完善机制建设方面，通过大力推广“街乡吹哨、部门报到”工作机制，金川区纵深推进城市基层党建网格化管理，着力健全“街道党工委—社区党委—网格党支部—楼院党小组—党员中心户”五级城市基层党建网络。金川区建立网格包联机制，健全协调联动机制，强化网格力量配备，全面推行先锋“红马甲”、“一长七员”街巷长制管理模式，组建“红袖章”巡逻队，深入开展“三活、四清、五百家”（“三活”即活户籍、活档案、活地图，“四清”即家庭情况清、人员类别清、区域设施清、隐患矛盾清，“五百家”即进百家门、知百家情、解百家难、暖百家心、和百家亲）大走访活动。推行特困群众必访、重症病人必访、孤寡老人必访、残疾人必访、留守儿童必访的特殊群体“五必访”等制度，确保城市基层治理各项任务有人管、及时管、有效管。

在强化队伍建设方面，金川区积极推行社区“头雁工程”，在

全区公开遴选26个城市社区党组织负责人，选优配强社区“两委”班子，稳步推进社区“两委”正职“一肩挑”和“两委”交叉任职，同时，公开招聘社区工作人员90余人，及时优化充实社区工作力量。

二、强化“三治”融合，有效激发基层治理活力

“三治”融合，即以自治为核心，完善居务公开制度，建立完善居民议事会、红白理事会、道德评议会等议事协商机制，引导群众通过协商表达诉求、化解矛盾；以法治为保障，落实“一社区一法律顾问”制度，建立调处化解矛盾纠纷综合机制，有效预防和化解矛盾纠纷；以德治为基础，扎实推进新时代文明实践场所建设，修订完善居民公约和居民自治章程，有效发挥基层治理的教育引导和约束惩戒作用。充分运用“好人榜”、“善行义举榜”、道德讲堂等平台，教育引导群众向上向善、孝老爱亲、重义守信、勤俭持家。

为了扩展社会各界代表和普通群众在基层民主协商中的参与面，金川区全面推行“1+7+X”六步协商议事法。“1+7+X”中的“1”是社区党组织书记；“7”是社区党支部班子代表、居委会班子代表、居监委会班子代表、“两代表一委员”、法律工作者、辖区内经济组织和社会组织代表以及社区居民代表7类固定主体；“X”主要包括协商事项涉及的利益群体代表、政府相关职能部门代表等；“六步”指收集议题、确定议题、议前调研、议事协商、公开公示、跟踪落实。

金川区的议事协商会已经在全区6个街道、26个社区和企事业单位全面铺开，以民主协商求解基层治理的最大公约数，社会治理

金川区金水里社区就一公司家属院私搭乱建问题召开协商会议

效能也愈发显现。自2018年10月至2021年8月，全区先后开展议事协商1500余次，协商落实具体问题1200余件，解决了一大批基层长期以来想解决又未能解决的突出问题。

三、聚焦服务质量，不断提升基层治理水平

在着力提升社区服务水平方面，金川区持续深化街道管理体制改革，街道统一设置“五办四中心一队”（“五办”为综合、党建工作、公共管理、公共服务、公共安全五个办公室，“四中心”为政务服务、社会治安综合、社会服务、公共事务服务四个中心，“一队”为综合行政执法队）内设机构，赋予街道党工委“五项权力”（人事考核权、征得同意权、规划参与权、综合管理权、重大决策和重大项目建议权），积极推动城管、市场监管、·司法、应急管理等工作力量下沉街道，进一步提高街道统筹协调能力。按照便于管理、便

于自治的原则，将原有的16个城市社区优化调整为26个，积极推进社区减负增效，全面实行社区事项准入制度，明确社区依法履行职责事项12项、协助事项53项、依法下沉社区服务事项36项，建立下沉事项动态化管理和下沉审批机制，公布便民服务事项清单，全面推行“前台一窗受理、后台综合办理”和“最多跑一次”改革，推动社区将主要精力投入到进网格、访民情、解民忧中，推动群众幸福指数不断上升。

为做深做细网格化管理，金川区按照“网格化管理、小单元作战”的模式，进一步健全三级网格管理体系，设立街道一级网格6个、社区二级网格26个、小区楼院三级网格225个，切实织密了网格责任网。城市社区按照“1+2+N”（1名网格员、2名楼栋长、N名楼口长）模式配强网格力量。组建以居民小区为单元、社区党员干部和网格员为主体、群众共同参与的专兼职网格员队伍，常态化开展“三活、四清、五百家”大走访活动，切实做到矛盾问题“零上交”、服务群众“零距离”、扶弱济困“零盲点”、主体参与“零缺位”。

为加大社区阵地建设力度，金川区坚持“办公场所最小化、服务区域最大化、公共设施最优化”的原则，认真落实《金昌市社区党群服务中心建设和运行规范》，持续加大社区活动阵地、服务场所建设投入力度，整合党建、政务和社会服务等各种资源，统筹建设布局合理、功能完备、互联互通的党群服务中心。按照每个社区活动场所和综合服务设施不低于1000平方米的标准，进一步增强社区服务承载力。按照“一室多用”的原则，全区各街道、社区统一设置民情恳谈室、居民议事厅、心理咨询室、社区警务室等功能室，畅通群众表达诉求渠道，实现民情直通“零障碍”。

专家点评

做好社区治理工作，必须充分发挥党建引领优势和党员先锋模范作用，切实把党的组织优势更好地转化为社区治理效能。甘肃省金昌市金川区在城市基层治理工作中积极探索创新，发挥党建引领优势，形成了具有金川特色的共建共治共享基层治理新格局。

金川区不断创新社区党组织工作机制，有效增强了社区党组织的凝聚力和向心力，城市基层党建联席会议制度和“1+7+X”六步协商议事模式的建立，先锋“红马甲”、“一长七员”街巷长制管理模式的全面推行，切实提高了社区党组织的领导能力和服务水平。

绘制基层治理最大同心圆

——新疆维吾尔自治区克拉玛依市独山子区推行党建引领多方共治基层治理的实践

【背景介绍】

新疆维吾尔自治区克拉玛依市独山子区地处天山北麓、准噶尔盆地西南边缘。辖区总面积448平方千米，建成区面积26平方千米，总人口9万余人，其中常住人口5.2万余人，全区行政区域划分为3个街道、19个社区。

随着城市化进程的快速推进，新的产业业态、新的组织形态不断涌现，独山子区经济社会结构也发生了深刻变化，尤其是2016年9月独山子区委与中国石油独山子石化公司党委结束一体化运作模式后，中国石油独山子石化公司党委陆续剥离企业办社会职能，独山子区委面临着城市基层治理“单兵作战”的新挑战。一方面，街道、社区党组织缺乏对辖区其他治理主体的有力领导，统筹协调能力弱，驻区单位抓党建各自为战，没有形成区域化党建合力；另一方面，驻市央企、地方企事业单位和街道、社区缺少有效的联动工作机制，缺乏参与基层治理的有效平台和激励措施。街道、社区党组织如何发挥领导作用，如何实现基层党组织的全覆盖并发挥强大的组织力，推动各领域资源融合，成为一个亟待解决的难题。

近年来，独山子区委认真贯彻落实中央精神，结合自身实际情况，探索推行党建引领多方共治的基层治理模式，不断绘制基层治理最大同心圆，推动城市基层党建整体水平不断提升、基层治理能力不断增强。

【基本做法】

独山子区从区、街道、社区、网格四个层面着力，打破传统街道、社区党建工作的壁垒，依托信息化技术，推动党建工作在各领域有效覆盖。

一、强化组织领导，加强党建引领作用

坚持高位推动完善顶层设计。独山子区将城市基层党建工作当作“一号工程”，区委书记靠前指挥，先后主持召开党建领导小组会议、城市基层党建联席会议 20 余次，研究出台城市基层党建系列文件，明确“一网统管、一网通办、一呼百应”的治理模式和“1515101”（1 是党组织的领导作用；5 是推动政治、自治、法治、德治、智治“五治”融合；15 是推行“街乡吹哨、部门报到”制度、推动党群服务中心标准化规范化建设等 15 项打基础、管当前、利长远的工作机制；10 是打造 10 个党建品牌；1 是形成党委领导、政府负责、社会协同、公众参与、法治保障、科技支撑的社会治理体制，打造共建共治共享的社会治理格局）的治理体系，将党的领导贯穿基层治理全过程各方面。通过创建党建项目化管理机制，从项目立项到组织实施、验收评估，全面破解影响城市基层党建发展的难题。

推进条块资源统筹。以街道社区党组织为主渠道，把政法、民政、文化等20多个部门投向社区的各类项目统筹起来，推动资源下沉。累计投入5200余万元新建、扩建社区阵地8个，打造各级党群服务中心31个，在街道社区、非公有制经济组织和社会组织等领域打造示范点12个，推动城市基层治理阵地化建设。

区企党委共建融合发展格局。独山子区坚持“党建引领、多点支撑、协同发展”工作思路，制定《独山子区关于加强“党建+石化产业+红色旅游”工作推进产业结构优化升级的实施方案》，明确工作目标，细化13条工作措施，压实工作责任。配套建立联席会议、人才保障、联点帮扶和教育培训4项机制，着力构建石化产业升级、红色旅游赋能、多元业态协同发展的“1+1+N”产业发展红色矩阵。

二、深化街道机构改革，夯实基层党建根基

推动街道党工委机构改革。在机构设置上，精简街道内设机构，统一设立“两办四中心”（“两办”即党建办公室、综合协调办公室，“四中心”即党群服务中心、综治中心、社会事务服务中心、城市网格化管理中心），形成了“两办”后台统筹协调、“四中心”前台服务群众的运行机制。在力量配备上，统筹全区人员编制资源向基层倾斜，配备党建工作专职副书记和组织员，确保上级“千条线”在街道抓得住。

持续对街道进行赋权增能。针对过去扁平化管理模式中存在的街道权责不统一、社区行政化事项多等问题，独山子区坚持重心下移和权力下放同步、赋能扩权和减负增效并重，印发《独山子区关于赋予街道“五项权力”的实施方案》，推行“区属街管街用”机

制，将城市管理、市场监管等执法力量派驻街道，由街道统一指挥调度；赋予街道城市区域规划和公共事务参与权、相关职能部门派驻机构履职督办权、对区属部门30%的绩效考核权、区属职能部门考核评议权等5项权力，确保街道统筹有领导权、协调有话语权。同时，全面推行街道权责清单和社区事务准入制，社区承接事项由原来的428项减少至180项，减幅达58%，街道、社区职责更加明确、运行更加规范。

搭建多方共治平台。独山子区以“街乡吹哨、部门报到、接诉即办”为抓手，提升基层治理效能。截至2021年8月，投资60余万元在区、街道建立指挥调度中心，制定领导、属地、管理（执法）、单位（组织）、个人五方责任清单，厘清8类174项事项清单，明确街道对各有关部门的日常调度和考核制度，实现街道对全区249家企事业单位的有效调动。

三、创新工作机制，凝聚基层党建合力

盘活“大工委”“大党委”力量。独山子区制定《关于深化共驻共建推进城市区域化党建互联互动的实施方案》，推出街道“大工委”、社区“大党委”“专职委员＋兼职委员”模式，吸纳辖区影响力较大的机关、企事业单位、新兴组织等党组织负责人担任兼职委员，有效发挥其政策传达、资源调配、沟通联络、议事协商、服务群众等共驻共建作用。全面开展契约化共建，街道、社区与179家“大工委”“大党委”成员单位，通过项目、资源、需求三个清单，实现双向融入、双向认领、双向服务、双向提升，统筹解决各自实际需求和难题，为基层治理丰富了资源、拓宽了渠道。

建强专职队伍。独山子区探索建立定岗选聘、教育培训、激励保障、考核管理“四位一体”工作体系。制定《独山子区推进社区工作者职业化队伍建设实施方案（试行）》《独山子区社区工作人员绩效考核实施细则（试行）》等文件，打通社区工作者能上能下渠道，社区工作者人均待遇达到6234元/月，真正做到待遇留人、情感留人、事业留人，有效激发了担当作为的新动能。

激发志愿服务潜力。通过“红色家园”微信小程序，街道、社区在“党群活动”模块实时发布志愿活动信息，全区线上招募志愿者，打破地域限制，把各社区志愿服务的“小盘子”汇集到全区的“大池子”。出台志愿服务积分管理办法，实行志愿服务积分制，志愿者在完成各类服务后可在“红色家园”小程序中获得相应积分，获得的积分可在辖区各类餐饮、电影院等经营场所享受打折或兑换服务。

独山子区“红细胞”党员志愿者宣誓全力助力高考学子圆梦

四、加强信息化建设，助力基层党建数字化创新

打造基层治理综合平台。独山子区印发网格化管理工作指导意见，通过推行“支部建在网格、组织覆盖楼栋、党员联系群众”工作模式，构建“社区党组织—网格党支部—楼栋党小组—党员中心户”四级组织架构，延伸组织触角到群众中。利用 AI 技术实时对各方面数据信息进行智能化汇总和分析，对群众急难愁盼问题、可能引发群体矛盾等方面的信息进行重点研判，为区委、区政府制定针对性政策、开展专项工作提供决策依据。

实施服务全程评价。对通过政民互动、智慧党建 App、“红色家园”微信小程序等渠道上报的事件，处置结果必须逐级反馈到事件上报人，由事件上报人作出满意度评价，评价结果作为处置部门考核的重要依据。对社区服务办理的事项，通过“社区议事厅”及时向群众公开，由群众作出评价。截至 2021 年 8 月，通过基层治理综合平台分级流转问题 463 条，群众满意率达 91.7%。

强化考核评价结果运用。独山子区以街道为单位，建立分级明责、分类定责、权责清晰的网格管理服务责任体系，制定绩效综合考核办法；建立健全季度评定和年度考评相结合的网格星级管理制度，与责任单位及责任人的工资绩效相挂钩，并作为基层党组织、党员考评的重要依据。落实网格责任倒查制度，对因工作落实不到位而造成重大影响的，对网格长进行责任追究。建立纠偏认定制度，考核追责对象对考核结果和追责情形不认可的，可逐级进行申诉，经对各流转环节进行核查，发现问题的，按规定及时予以澄清纠正，从而凝聚起最大公约数，转化出最大正能量。

专家点评

习近平总书记指出，要把加强基层党的建设、巩固党的执政基础作为贯穿社会治理和基层建设的一条红线。新疆维吾尔自治区克拉玛依市独山子区以推动城市基层党建为重要抓手，积极探索推行党建引领多方共治的基层治理模式，形成了颇具特色的“独山子经验”。

第一，高位推进基层党建工作，为党建引领基层治理夯实领导优势。独山子区将城市基层党建工作列为“一号工程”，由区委书记靠前指挥，高站位谋划、高频率开展、高质量推进基层党建工作，不断提升党的全面领导力。第二，深化街道管理体制改革，为党建引领基层治理打造最强“轴心”。独山子区街道“两办四中心”的机构设置、人员编制资源向基层倾斜、对街道赋权增能等改革措施，有利于推进党建引领基层治理落到实处。第三，着力加强基层队伍建设，为党建引领基层治理筑牢人才基石。独山子区定岗选聘、教育培训、激励保障、考核管理“四位一体”的工作体系对加强社区工作者队伍建设、有效激发其担当作为的内生动力具有重要意义。第四，加强信息化建设，为党建引领基层治理提供技术支撑。“独山子经验”为完善党全面领导基层治理制度提供了一条可供借鉴的路径。

把党建引领延伸到基层治理的“神经末梢”

——云南省昆明市五华区华山街道加强老旧小区党建工作的实践

【背景介绍】

华山街道位于云南省昆明市五华区，辖区总面积3.98平方千米，常住人口6.06万人。辖区共有住宅小区267个，其中有物业管理小区67个，半物业管理小区122个，无物业管理小区78个，呈现出无物业管理住宅小区数量多、类型复杂、管理难度大等特征。小区居民人源构成复杂，居民对公共服务、公共管理、公共安全、公共环境、公益活动等需求各不相同，矛盾凸显。住宅小区普遍缺乏有效的平台和机制来促进各方利益主体形成共建共治共享的共识，导致小区治理难度大，居民也颇有意见。

近年来，华山街道深入贯彻落实党的十九大报告提出的“推动社会治理重心向基层下移”的要求，践行以人民为中心的发展思想，把居民对美好生活的向往作为城市基层党建的时代主题，着力破解居民区治理难题。该街道将社区网格分为39个居民片区，选取华山东路82号院、俊园小区、莲景苑小区等性质不同、环境不同、物业水平不同的小区作为试点，将党的领导始终贯穿治理全过程，把支部建在居民区上，推进党的领导在居民区落地、党的组织向居民区延伸、党组织建设和党员作用与居民日常生活融合；推动居民区党建与物业服务“双覆盖”，实现住宅小区管理服务双规范，破解服务缺位、资源不足、居民参与度不高等问题，探索出了一条党建引领居民区治理的“华山路径”，居民共商共建、多方力量参与社区治理局面初显，有效提高了居民幸福指数。

【基本做法】

华山街道坚持问题导向，在居民区构建党的“红色肌体”，把党建引领延伸到基层治理的“神经末梢”，充分发挥好基层党组织联系群众、组织群众、动员群众、凝聚群众等作用。

一、筑牢党建核心，推动居民区党建实体化运行

组织覆盖，完善架构。在党组织设置上，华山街道分别探索出独立小区党支部、居民片区党支部两种模式。独立小区党支部以有物业管理或单位管理的、居民人数达到一定规模的独立小区为单元。居民片区党支部则考虑没有物业管理的、居民人数规模较小、有连片引入物业可能的院坝、小区。如华山东路 82 号院成立了五华山社区第三居民区党支部，在成功引入物业对小区进行有效管理服务的基础上，逐步推进辐射周边 68 号、76 号、78 号等 7 个院落的管理。该党支部有 12 名党员，书记由社区党委委员兼任，物业项目的党员负责人兼任副书记，支部委员在居民党员中选举产生。

赋权扩能，实体化运行。街道党工委为居民区党支部赋予了议事权、建议权、监督权三项权力。议事权，即居民区党支部可组织各方力量就小区公共事务进行协商、议事、决策等；建议权，即对

于超出小区权责范围的公共事项，可向相关职能部门提出建议；监督权，即对业主委员会、物业服务企业以及其他组织进行监督。

加强指导，发挥社区环境和物业管理委员会作用。华山街道引入律师等专业团队参与社区环境和物业管理委员会工作，协助居民区党支部开展工作，充分发挥社区“两委”在传统居民院落中组织带领群众参与自治的优势。截至2021年8月，培育区级“红色物业”3家、市级“红色物业”2家。

实施“三网建设”，提升服务质效。以党建网、民生网、服务网“三网建设”为基础，华山街道打造“社区党委＋共建单位＋居民区党支部＋‘小管家’”服务模式，将民生需求信息与网格有机结合，发挥社区网格员、居民区党员（楼栋长）、“小巷管家”等人员作用，开展社区化网格民生服务。对布珠巷、黄河巷进行提升改造，打造睦邻空间，建设居家养老服务站和心灵驿站。建立党建引领、社会参与、居民助力的协同机制，按照“群众急需，服务专业”的要求，围绕社区老年人开展政策性、支持性服务。

二、发挥“红色引擎”作用，搭建共建共治合作平台

发动驻区单位参与，建设党建联盟共同体。华山街道积极发挥辖区机关事业单位多的优势，严格落实党组织党员“双报到”制度，以党建融合、工作融合、感情融合等“三个融合”为主题，建立区域化党建联盟，精准对接辖区联盟单位、社区、居民的利益契合点，开展组织联建、活动联办、经验联学、服务联抓等活动。截至2021年8月，共培育出党建联盟成员单位63个，开展共建活动和联合主题党日活动300余次，走访困难党员、群众200余人次。

发挥业主主体作用，开展议事协商。华山街道坚持“民主事项党组织先议、重大事项党组织先审”的原则，积极探索居民区党支部领导、业委会决策、物业公司执行、其他组织献策监督的多方协同的议事协商规则，把小区党建工作、群众诉求、自治章程、小区公约、微改造项目作为议事内容。截至2021年8月，开展“小区议事沙龙”“小区议事协商会”100余次，解决老旧小区微改造、绿化、环境卫生等问题24件。比如，华山东路82号院针对小区无人管理、辖区卫生环境脏乱差等实际困难进行了协商，采取“居民交纳一点+公共收益补充一点+政府补助一点”的方式，顺利实施了微改造。

吸引培育社会组织，汇聚发展合力。依托“党建引领、智慧众治、志愿圈圈”服务平台，运用“金豆兑换”社会动员激励机制，有序引导党员干部群众和公益团队积极为老旧小区居民提供专业化、特色化服务。同时，以小区居民的兴趣爱好和情感纽带为基础，吸纳有书画、歌舞等特长的各类居民参与社区社会组织，组织开展合唱班、舞蹈班、书画班等小组活动，活动中注重骨干的挖掘和培养。截至2021年8月，已培育社区社会组织10家，组织开展活动20余次。

建立“小巷管家”队伍，精准把握工作切入点。在找党员、访民意的过程中开展“四个摸清”（情况清、问题清、对象清、思路清）工作，建立起由物业服务企业、业主委员会、楼栋长、网格员等300余人组成的“小巷管家”队伍。通过“小巷管家”实现信息收集、传递，建立住宅小区“民情户口”，摸清小区楼栋户数、物业情况、楼栋党员、特殊群体，做到底数清、数据明。结合小区孤寡老人、失独家庭、残疾人等情况建立分级服务“四级关注”制度，情况越困难，评星级别越高，社区和党支部关注度也越高。

华山街道五华山社区通过入户调查听取居民群众对社区工作的意见建议

三、完善制度建设，深耕基层党建“责任田”

形成“五有”标准，推动管理服务双规范。华山街道在探索党建引领基层治理的过程中，形成了“五有”标准。“五有”是指：有专员，即为每个居民区党支部指派一名党建指导员；有阵地，即提供集办公与服务于一体的活动场地，组建各方协同联系的微信、QQ等群商群治微平台；有载体，即广泛开展“我家有党员”、“我们的节日”、“红管家”解民忧等特色主题活动；有制度，即建立一套完善的实体化运作机制和活动制度，一套规范的居民议事协商规则、物业规范和居民公约；有品牌，即各居民区均有一套体现小区特色和品牌亮点的党建工作思路和经验做法。通过向“五有”标准看齐，逐步实现“管理服务双规范”的目标，即在居民区党支部领导下，规范物业服务标准规则、服务事项和收费标准。

落实“五个一”方法，探索分类管理闭环机制。华山街道在探索党建引领基层治理的过程中，形成了“五个一”方法。发放一份安民告示：针对开展居民区党建为什么、怎么样、改善什么等提出可行性规划，以争取居民群众对工作的理解和支持。制定一个自治方案：以《五华区分类推进居民区党建实施方案》为统领，制定《华山街道关于开展居民区党建工作方案》，对住宅小区出台分类自治方案。组织一次入户调查：集中组织社区工作者、项目社工、志愿者、街道机关下沉人员对居民开展入户调查，梳理问题清单、需求清单。开展一次居民协商：通过“吾事吾说”“款款身边事”等居民自治方式，组织“两代表一委员”、区属职能部门、业主代表召开居民协商会议，疏导群众情绪，解决实际问题，做实未诉先办。健全一套闭环制度：引导居民区不断完善民情收集、议事协商、决策执行、结果评议和激励奖惩五大工作机制，形成从发现问题、解决问题到评价效果的闭环体系。

在推进党建引领基层治理的路径探索过程中，华山街道始终坚持用情办事、深处着力，为建设“老而有序、旧而整洁、历久弥新”的宜居家园，为增强社区居民群众获得感、幸福感和安全感而不断努力。

专家点评

基层是国家治理的最末端、服务群众的最前沿。提高基层治理效能，关键是加强党的领导、抓好党的建设。

云南省昆明市五华区华山街道把党的领导有效落实到社会治理体系的“神经末梢”，创造性地探索出了一条党建引领居民区治理的“华山路径”。

“华山路径”的创新性体现在：第一，基层组织全覆盖。在有物业管理或单位管理的独立小区建立独立小区党支部，在没有物业管理的院坝和小区探索建立居民片区党支部，使党支部覆盖所有居民区。第二，基层组织权能化。街道党工委为居民区党支部赋予议事权、建议权、监督权，使得居民区党支部引领有权、组织有力。第三，党建引领全方位。在社区日常事务议事协商、党建联盟共同体建设、社会组织引入、社区自组织培育、“小巷管家”队伍建设、社区分类自治等各领域各环节坚持党建引领。第四，党建引领标准化。建立了党建引领的“五有”标准，为党建引领基层治理提供了重要标尺。

发挥党员“领头羊”作用
共筑美好社区生活

——河北省唐山市路北区机场路街道祥富里社区探索党员在社区治理服务中发挥作用的实践路径

【背景介绍】

2016年7月，习近平总书记在河北省唐山市路北区机场路街道祥富里社区考察时指出，社区是党和政府联系、服务居民群众的“最后一公里”，要健全社区管理和服务体制，整合各种资源，增强社区公共服务能力。社区工作要时时处处贯彻党的宗旨，让党的旗帜在社区群众心目中高高飘扬，让社区广大党员在服务群众中充分发挥作用、展示良好形象。

祥富里社区成立于1996年，是1976年唐山大地震后第一批安居工程小区。社区成立伊始，党组织凝聚力不足，党员管理涣散，群众对社区党组织认可度不高、参与社区治理的积极性不高。为彻底解决这些问题，祥富里社区党总支从抓党建入手，完善基层党组织制度体系，凝聚党员合力，引领居民参与社区治理，激发居民内生动力，使社区成为唐山市第一批党建示范点和党员党性教育基地。截至2020年5月，社区党总支下设8个楼栋党支部，共有党员605名。

祥富里社区党总支在社区治理中围绕发展抓党建，抓好党建促发展，优化服务为居民，切实发挥党员“领头羊”作用，凝心聚力让服务群众“最后一公里”更加畅通，推动社区服务效能全面提升。

【基本做法】

一、完善基层党组织体系，塑造精干有序的“领头羊”

建立党建引领的社区服务网络。在纵向上，祥富里社区对楼栋进行重新组合，建立健全“社区党总支—楼栋党支部—楼门党小组—党员责任区—党员责任岗”的五级组织网络；在横向上，根据驻区单位的行业性质进行分类，社区建立了行业党支部，并选拔有特长、有奉献精神的党员任党建指导员。在此基础上，按照“政府主导、居民自治、资源共享、共驻共建”的思路，组建社区“大党委”、构建党建“大格局”、凝结惠民“大合力”、创建居民“大幸福”，开展在职党员进社区，与共建单位开展共建共治共享服务，形成覆盖全社区的“点站结合、立体覆盖、全面包容”的服务网络体系。同时，社区还实行党员星级管理，每周、每月、每季分别评选周星、月星、季星，年底召开全体党员大会，评选出社区最具影响力的年度明星并进行表彰，全面调动党员参与社区治理、为居民提供优质服务的积极性。

深入推进“基层党建六模式”。一是坚持政治引领的党建领航模式。党组织有机联结各单位、行业及各领域党组织，构建党建领航、区域统筹、条块协同、上下联动的社区“大党建”工作格局。二是注重党建工作梯队建设的培养模式。针对社区工作者年龄、学历、能力等特点，实行差异化培养方式，发现和重用党建工作带头人，切实加大人才培养力度，促进人才流转，将祥富里社区作为培养基地，通过跟班实训、骨干输出等方式，向全区输送优秀党员社区工作者。三是突出党建制度建设的规范运行模式。通过落实“三会一课”制度规范党内组织生活，通过落实“一征三议两公开”制度实现科学民主决策，通过落实服务承诺、首办负责等规章制度规范政务服务流程，牢牢抓住制度建设这个“牛鼻子”，促进制度规范运行，以党员带动的方式形成“以制度规范行为、以制度促进发展”的运行模式。四是推动共建共治共享的社区治理模式。深化基层治理体系建设，明确并发挥社区党组织居委会、业委会、物业服务企业、楼门长和综合服务站的作用，落实党建联席会议和兼职委员制度，畅通议事协调渠道。以党员为成员主体，构建多方参与、共建共治共享的基层治理格局。五是建立以党群服务中心为主阵地的、务实有效的服务群众模式。不断完善服务群众阵地场所，健全党群服务中心功能，充分整合资源为党员群众提供便利活动场所。不断完善服务群众机制队伍，形成闭环服务流程。六是发挥党员先锋模范作用的示范模式。实行党员先锋指数管理，倡导社区党员“亮身份、作表率”，将优秀共产党员推选出来并广泛宣传，大力弘扬正能量，逐渐形成人人学习榜样、人人争当先锋的良好氛围。

二、加强基层党组织服务，打造实干办事的“领头羊”

开展以“凝心聚力、彰显活力、独具魅力”为特色的党员魅力工程，使党员成为体察民意的信息员、化解矛盾的调解员、维护治安的巡逻员、弘扬正气的监督员、助推发展的战斗员，使每一名党员都能“怀揣一颗红心，练就一身本领，传承一代精神，弘扬一番正气，承担一份责任，不辱一身使命”，真正做到“我是党员我先行”。

开展志愿服务活动。建立以党员为主要成员的“同心圆志愿服务队”。利用“365党员工作室”、社区“巡回法庭”等多种平台，全年有计划地开展党员魅力工程，充分发挥党员的引领作用，为社区居民提供全方位服务。

实施民情流水线工程。建立“民情收集—限期办理—结果反馈—跟踪监督”的运行机制，组建以党员为主要力量的民情信息员队伍，让党员成为社区工作的助推力量，全面提升社区服务效果。

强化议事协商服务能力。依托党员带动群众，通过每月召开一次民情恳谈会、每季度召开一次事务协调会、每半年召开一次民主

祥富里社区党员志愿者为辖区老人免费理发

评议会、每年年底召开一次总结大会的形式集民智聚民力，建立社区党总支、社区居民委员会、业主委员会、楼门长、社区综合服务站、物业服务企业“六位一体”联席会议制度，充分发挥党建引领社区治理的作用。

实施党员居民“双监督”服务保障机制。社区通过社区公众号、微信群、橱窗、宣传栏等进行党务公开和居务公开，提高社区各项工作的透明度，不断提高党员参与社区各项工作积极性，为党员展示风采提供平台，激励党员真正为群众办实事、办好事，激发对社区的归属感。

三、创新基层党组织载体，打造文化建设的“领头羊”

自 2006 年 7 月成立唐山市首家社区文体协会以来，截至 2021 年 8 月，祥富里社区已拥有 22 支文艺队伍，让更多的居民走出“小家”，根据兴趣爱好来到社区“大家”。社区党总支依托“群众靠发动、发动靠活动”的理念，探索出一套行之有效的办法，用红色教育活动凝聚民心，用传统节庆活动和谐邻里，用群众文体活动激发活力，用文明创建活动美化家园。社区党总支通过合理规划时间和地点，使活动更正规；通过选任有特长、有奉献精神的党员担任队长，实现居民自我管理、自我教育、自我服务的良性循环。

社区党总支通过实施文化惠民工程，打造特色文化阵地，开展“我是党员我先行”主题演讲比赛、“凝心聚力学党史，砥砺前行强党性”文艺汇演等丰富多彩的文体活动，不断完善社区文化服务体系，丰富群众性文化活动。通过红色文化宣传，不断提升居民的精神文化水平和文明素养。2019 年 2 月，社区成立了以朗诵原创诗歌为主的“思源社”，通过朗诵的形式宣传党的路线、方针和政策，让居民潜移默化受到教育。

截至 2021 年 8 月，社区党员深深扎根群众，激发社区工作实践活力，共开展服务 512 项、服务居民 10 余万人（次），惠及社区全体居民，真正把服务居民群众的“最后一公里”落实到实处。

专家点评

河北省唐山市祥富里社区牢记习近平总书记关于“社区工作要时时处处贯彻党的宗旨，让党的旗帜在社区群众心目中高高飘扬，让社区广大党员在服务群众中充分发挥作用、展示良好形象”的嘱托，创造性推进社区党建工作，取得了一系列有益经验。

该社区建立健全“社区党总支—楼栋党支部—楼门党小组—党员责任区—党员责任岗”的五级组织网络，联结辖区内单位、行业党组织组建社区“大党委”，通过党建联席会议和兼职委员制度等途径构建党建领航、区域统筹、条块协同、上下联动的社区“大党建”工作格局的做法，是整合社区治理服务资源、推进社区共建共治共享的生动实践，值得全国各城市社区学习借鉴。

该社区注重探索广大党员在社区治理服务中发挥先锋模范作用的实现途径。例如，通过建立党员星级管理机制、实行党员先锋指数管理、开展党员魅力工程、组建以党员为骨干的“同心圆志愿服务队”和“365 党员工作室”，促使广大党员成为体察民意的信息员、化解矛盾的调解员、维护治安的巡逻员、弘扬正气的监督员、助推发展的战斗员；通过鼓励支持有特长、有奉献精神的党员依法依规担任社区文艺团队等社区社会组织负责人，把社区党建工作有效延伸到了社区社会组织领域；等等。这些做法对于全国各城市社区都具有启发和借鉴意义。

倾心浇筑社区民族团结之花

——内蒙古自治区赤峰市松山区兴安街道临潢家园推进民族团结进步创建进社区的实践

【背景介绍】

临潢家园社区成立于2014年年底，截至2021年8月，有居民1.2万余人，其中少数民族人口占比约38%。社区党委下设4个党支部，共有党员111名，社区现有工作人员9名。针对社区人口多、民族成分构成复杂、居民需求多样化的实际，社区党委注重发挥党建引领作用，创新工作方式方法，加强城市基层治理工作。

为更好地服务居民，促进各族群众在社区大家庭里交往、交流、交融，社区党委认真践行党的十九大精神和习近平总书记关于社区治理重要论述精神，充分发挥基层党组织战斗堡垒作用，采取强化党组织领导、强化精细化服务、强化民族文化传承“三个强化”措施，全力构建“民族团结一家亲”和谐社区环境，加强民族团结工作。同时，社区党委规范党建工作，以网格化管理为抓手，持续完善社区治理，将党组织的触角延伸至社区的每个角落，真正把社区党建工作的政治优势转化为社区治理和服务的工作优势。

2019年7月15日，习近平总书记在内蒙古自治区赤峰市松山区兴安街道临潢家园社区考察时强调，社区是各族群众共同的家，民族团结一家亲。要深入推进民族团结进步创建进社区，把社区打造成为各族群众守望相助的大家庭，积极创造各族群众安居乐业的良好社区环境。

临潢家园社区党员群众牢记习近平总书记嘱托，通过党建引领携手共建美好家园，不断铸牢中华民族共同体意识，形成社区各族居民团结互助、共同发展的良好局面。社区民族团结工作有了新变化、新局面，社区居民的获得感、幸福感、安全感不断增强。

【基本做法】

一、强化党组织领导，满足各族居民需求

在组织建设上强化党的领导。临潢家园社区党委从完善组织、激发内力、广借外力入手，采取社区“两委”联合建领导机构、各族党员联合建党支部、党组织联合建党建联合体的“三联三建”措施，加强党对民族工作的领导。社区党委和社区居委会成员联合组建统战和民族宗教工作领导小组，配备专职工作人员，成立“民族融合之家党支部”，凝聚各族党员群众的力量。主动与辖区外的14家司法行政单位党组织联系，将法院等单位党组织吸纳到社区党建联合体中来，设立法律法规宣传、人民调解、行政调解和司法调解4个联合党总支，构建“两级书记抓、三支力量干、多方参与帮”的组织保障体系。

在思想教育上加强党的民族工作理论和政策法规宣传。社区党委在党群服务中心设置民族团结进步教育讲堂和民族政策法规宣传长廊，让居民在行走驻足间学习民族政策，增强“社区是我家，建设靠大家”的认识，增强“民族团结一家亲”的自觉。社区党委还

组建了“草原学习轻骑兵”小分队，向辖区党员和居民群众广泛宣传党的民族工作理论和政策法规。

依托党群服务中心拓展阵地功能。为把社区打造成各族居民群众共同的家，社区党委依托社区党群服务中心，着力打造“少数民族之家”综合服务体，并升级为“民族融合之家”，增设蒙汉“双语”服务窗口、民族文化风情展厅、民族融合小课桌、民族技艺传承课堂、便民餐厅、健康服务站、公益法律服务角等特色阵地。

二、深化党建统领网格管理，提升社区治理效能

多网融合，党建统领。社区根据小区和小区内街路的自然分布界线，按照联系方便、就近服务、覆盖有效的原则，将原有综治网、安全网、疫情防控网等多网进行融合，并划分为 9 个网格，每 1 个网格包含 350 到 500 户不等。每个网格设置 1 个党小组，进一步优化社区党总支、小区党支部、网格党小组等党组织设置，把党组织链条从社区延伸到小区和网格。将原有综治网、安全网、疫情防控网等各类网格职责融入党建网格职能中，把居民、商户和辖区单位统一纳入网格管理，构建了党领导下的横向到边、纵向到底的社区治理网。

多方参与，党员护网。为解决网格管理人员配备问题，社区按照“一长一员一团队”要求，由社区 9 名工作人员担任 9 个网格长，党员网格长兼任党小组长。通过个人自荐、居民推荐和组织动员等方式，从居民党员中选聘 9 名专职网格员，网格长为非党员的实行“双长制”，由党员网格员兼任党小组长。公安、司法、市场监管等相关职能部门下沉社区人员组成专业网格员。“双报到”、共建单位人员组成融合网格员。社区党员、居民志愿者等组成志愿网格员。

此外，临潢家园社区还组建了“网格少数民族志愿服务队”。

多职融合，党员引领。为充分发挥网格员作用，社区党委在明确网格员10项职责基础上，还建立了4项工作机制。一是“七册清单”记录机制。即给网格员制发了1册工作手册、1册工作日志、1册问题清单等七册清单。二是“七个一”走访机制。即每天随网走一走、随口问一问、随手拍一拍等“七个一”要求。三是分级处理机制。对于“小事”，直接在网格内处理，并报社区党委备案。对于“大事”，社区党群服务中心解决不了的，报街道党群服务中心处理。对于“难事”，街道党群服务中心、松山区党群服务中心逐级研究解决。四是积分激励机制。参与网格工作的党员、网格员、志愿者、热心居民均可根据发现上报问题、协助处理问题和参加公益活动情况进行积分，所积分值年末可以兑换物品和服务。

联合党委，智能管网。为扩大党建联合体，社区联合党委由原

临潢家园社区网格员巡查小区，记录存在的问题

来的8家增至20家。联合党委下设法律法规宣传、人民调解、行政调解、司法调解4个联合党总支，帮助社区依法依规协调处理网格事务。通过应用民政局“松山小智”信息系统，把各级网格长、网格员和区级相关部门融入进来，建立居民信息库，收集社情民意，快速应急反应处置，快速统计变更数据信息，快速掌握网格员工作状态，快速分流解决问题等。

开展服务，按需为民。为更好地服务于各族居民，临潢家园社区配备了3名蒙汉“双语”服务志愿者，印制了一份包含21项蒙汉“双语”惠民政策服务流程的清单，开展免费送餐、法律咨询、教授书法绘画、免费传授手工技艺等6项特色服务，探索新增金融理财服务、防范金融诈骗、老年人保健等5项服务项目。截至2021年7月，社区累计开展各类便民惠民服务共700余次，服务居民群众8000余人次。

三、强化民族文化传承，弘扬社会主义核心价值观

以党建带传承。临潢家园社区党委坚持以铸牢中华民族共同体意识为主线，以践行“中华民族一家亲，同心共筑中国梦”为抓手，注重党建与民族文化结合，组织党员、群众自编自演，用喜闻乐见的形式宣传党的方针政策，开展社区巡演和主题、专场演出，深受群众欢迎。在“民族融合之家”综合服务体内打造集民族服饰、民族乐器、民族图书、民族工艺品和民族婚俗于一体的民族文化风情展厅，让各族居民群众感知中华优秀传统文化。

以活动促传承。社区党委开展“民族文化我来讲”等系列活动，开设1个蒙汉“双语”书法班。民族融合小课桌开设同唱一首歌、民族故事会、手工创意等免费课程。截至2021年7月，参加民族融

合小课桌活动的学生有 700 余人次。

以队伍促传承。2019 年 1 月，社区注册成立“兴安乌兰牧骑”，组建乌兰牧骑演出小分队，促进各族居民在参与丰富多彩的社区文化活动中强化中华民族共同体意识。自 2019 年至 2021 年，“兴安乌兰牧骑”以“团结情　祖国颂”为主题，进社区开展巡演和汇报演出数十次。

如今的临潢家园社区，以崭新的风貌和务实的工作，浇灌培育着更加绚丽的民族团结之花，谱写着民族团结进步、社会和谐稳定的新篇章。

专家点评

我国是一个统一的多民族国家。如何实现习近平总书记要求的“推进民族团结进步创建进社区，把社区打造成为各族群众守望相助的大家庭”，是多民族共同居住社区建设的重要任务。在这一方面，内蒙古自治区赤峰市松山区兴安街道临潢家园社区的做法为全国提供了成功经验。

该社区把不断铸牢中华民族共同体意识作为社区建设和社区治理的主线和基础性工作，通过在社区党群服务中心设置民族团结进步教育讲堂和民族政策法规宣传长廊，通过组建“草原学习轻骑兵”小分队广泛宣传党和国家的民族工作理论和政策法规，增强了居民群众“民族团结一家亲”的自觉性。该社区把服务居民群众特别是精准精细服务少数民族居民作为推进民族团结进步创建进社区的基本内容，依托社区党群服务中心建立“民族融合之家”，增设蒙汉“双语”服务窗口，开设民族融合小课桌、民族技艺传承课堂、便民餐厅、健康服务站、公益法律服务角等特色服务项目，组建“网格少数民族志愿服务队”等，有效满足了各族群众的多元化需要，促使社区逐渐成为“各族群众守望相助的大家庭”。该社区把强化民族文化传承作为促进“民族团结一家亲”的重要途径，以党建带传承，以活动促传承，以队伍促传承，不仅取得了明显成效，而且也为其他社区提供了可供借鉴的经验。

加强基层政权治理能力建设

优化服务效能　构建和谐番禺

——广东省广州市番禺区做好外来人口的有效管理与服务

【背景介绍】

广东省广州市番禺区位于穗港澳的中心位置，总面积 529.94 平方千米，下辖 5 个乡镇、11 个街道，有 177 个村民委员会、98 个社区居民委员会，户籍人口 103.35 万人，在册登记来穗人员超过 160 万人，实际服务管理人口超过 300 万人，具有管辖面积大、外来人口多的显著特点。由于外来人口流动性大，其对教育、住房、就业、卫生、法律援助、文化娱乐等需求不断提升，参与社会管理意识不断增强。庞大的外来人口在为番禺区的社会经济发展作出贡献的同时，也考验着政府的管理和服务水平。

近年来，番禺区巩固广州市来穗人员服务管理示范区创建成果，在体制机制、制度建设、精细管理、服务融合、宣传教育、信息化建设等方面下功夫，着力加强街道（乡镇）服务能力建设，积极引导各街道（乡镇）在外来人口服务管理上出新招、解难题。持续推进“来穗人员融合行动计划”，强化科技赋能提升服务来穗人员水平，树立来穗人员先进典型，深化基层公共服务改革，帮助外来人口愿意来、住得好、留得下，实现来穗人员“本人融入企业、子女融入学校、家庭融入社区、群体融入社会”，与全体居民平等共享改革发展成果。

在民政部公布的第二批22个全国乡镇政府服务能力建设典型经验中，广东省广州市番禺区来穗人员和出租屋服务管理的经验做法成功入选。

【基本做法】

一、完善来穗服务，促进来穗人员和谐融入

完善来穗人员信息登记服务。番禺区依托微信平台研发推广“番租平安码”小程序，便捷出租屋主、来穗人员进行身份认定，在线申报人员、房屋、出租屋隐患等信息，推动信息采集更便捷、更高效。启用“番租平安码”小程序以来，共关联出租屋5700余栋、8.6万余套，自主申报居住信息的来穗人员2.9万余人。创新推出“支付宝刷脸登记”，快捷、精准地对申报人进行身份认定，让来穗人员足不出户即可完成居住登记申报。来穗人员还可通过民生卡App“刷脸”登记居住信息，享受居住证签注邮政快递服务，实现业务办理“零跑腿”。街道（乡镇）还充分发挥集智能巡查手机、“二维码”门牌、数据决策辅助于一体的出租屋巡查系统作用，利用手机实名制大数据精准采集来穗人员信息，积极引导来穗人员主动申报居住信息。

建立来穗人员融合场所。深化街道（乡镇）11个来穗人员之家及14个和谐共融家园建设，为来穗人员提供融合学堂、文艺活动、图书阅览等全方位服务。积极构建以街道（乡镇）来穗人员融合学堂为重点的培训服务网络，以10所街道（乡镇）成人学校为基础，

打造来穗人员融合教育培训基地。

开展来穗人员积分服务。在16个街道（乡镇）设立来穗人员积分制服务窗口，全年常态化为来穗人员开展积分制申办业务。全区共有8.7万名来穗人员在广州市来穗人员积分制服务管理信息系统注册。全面升级积分制入学申请系统，利用“人脸识别”功能确定积分，开发积分制入学“智能客服”模块，为申请人提供24小时答疑服务，推动数据赋能公共服务领域业务办理，提高人民群众生活品质。截至2021年8月，全区积分制入学确认申请6467人，积分制入学“智能客服”模块为申请人智能答复8000多条。

开展来穗人员融合服务。街道（乡镇）联合社工站、文化体育服务中心等部门，发动志愿者在辖区开展“来穗人员融合服务周”系列活动。通过报刊、微信、短信、宣传栏等途径广泛开展防电信诈骗、消防安全、燃气安全、积分服务、疫苗接种等宣传活动，通过组织出租屋管理员、来穗党员、志愿者开展“文明交通我先行”、慰问困难来穗家庭、社区义诊等活动，提升辖区来穗人员的认同感、归属感，激发来穗人员参与本地区社会治理的积极性，加快来穗人员在文化、生活等方面的融合融入。同时，街道（乡镇）每年举行“春风行动”招聘会、来穗人员就业专场招聘会，切实帮助来穗务工人员解决求职难问题。

开展来穗人员保险服务。推广房屋租赁保险服务，累计接受投保出租人责任保险47.17万宗，赔付896宗共1255万元，较好化解涉及出租屋矛盾纠纷。街道（乡镇）广泛推行来穗人员办理居住证赠送意外伤害保险服务，截至2021年8月，累计已有127.6万人次来穗人员获赠意外伤害保险，其中5579人次及时获得理赔，有效提升来穗人员社会保障水平。

番禺区大石街道为办理居住证的来穗人员赠送意外伤害保险

二、树立先进典范，擦亮来穗人员服务管理品牌

打造流动党（团）组织，让来穗人员有依靠。2016 年成立广东省首个以流入地为主导的流动党员党委——番禺区沙湾镇流动党员党委，示范带动街道（乡镇）组建流动党员党组织。截至 2021 年 8 月，番禺区全区已建立流动党员党组织 100 个，包括流动党员党委 3 个、流动党员党总支 2 个、流动党员党支部 95 个，确保辖区内流动党员能纳入党组织。建立健全流动党员教育管理融合“1+6”机制，有效加强组织建设，严格教育管理，搭建平台阵地，促进流动党员发挥先锋模范作用，每年带动近 17 万人次来穗人员参加社区志愿服务和公益活动，促进社区融合发展。同时，深化 16 个来穗人员“金雁团总支”和非公有制经济组织和社会组织建设，成立“金雁青少年之家”“金雁志愿服务队”“雁声歌舞队”等，每年为 2 万多名来穗人员子女提供各类服务。

弘扬“金雁”精神，让来穗人员有榜样。番禺区每两年举办一届优秀来穗人员“金雁之星”评选表彰活动，截至2021年8月，共评选出优秀来穗人员“金雁之星”904名，其中196名“金雁之星”获得落户资格，15名“金雁之星”当选省政协委员、市人大代表、市妇代会代表及区政协委员等。番禺区“金雁之星”评选活动已连续坚持举办16年，“金雁之星”的含金量越来越高，获评者享受包括子女入学在内的多种专门优惠政策，有效增强了来穗人员的获得感、归属感，“金雁之星”也成为番禺区来穗人员服务管理工作的亮点和品牌。

三、深化基层改革，提升来穗人员服务管理效能

深化投入机制改革。番禺区推进转移支付体制改革，制定《番禺区基本公共服务领域区与街道财政事权和支出责任划分改革方案》和《关于完善区财政奖励机制进一步促进镇（街）经济发展方案》，对基本公共服务领域的区与街道（乡镇）财政事权及支出责任加以明确，建立有效的财政激励机制，充分调动街道（乡镇）经济社会和外来人口服务管理的积极性和主动性。

提升政务服务能力。针对外来人口和基层群众办事难的问题，番禺区梳理出“花城事好办”事项清单，精简证明、材料，实现992项一次办、282项马上办、900项网上办、318项就近办、128项随心办、463项轻松办、99项联合办、90项智能办。大力建设“区—街道—社区”三级政务服务平台，印发番禺区镇、村（居）政务服务事项目录，推进455项政务服务事项延伸至街道（乡镇），支持指导街道（乡镇）因地制宜推进政务便民服务。

持续改善人居环境。加快完善城市空间规划布局，提升城市功

能品质，建设干净整洁平安有序的城市环境。大力推进城市环境精细化品质化管理，积极实施生态环境综合治理工程。积极推进中心城区优质公共服务资源向外围城区覆盖，完善医疗、学校、公交站点、文化设施等公共服务配套设施，促进基本公共服务优质化、均等化发展，提升外来人口和居民群众的生活质量。

专家点评

人口的流动性不断增强，是城市发展的必然趋势。外来人口既是支撑流入地经济社会持续发展的强劲动力，同时也给流入地的基层治理带来挑战与压力。从某种意义上说，有效应对人口的流动性，做好流动人口服务工作，实现对基层外来人口的有效管理和服务，是加强基层政权治理能力建设的重要内容，也是考察乡镇（街道）为民服务能力的重要内容。

广东省广州市番禺区对外来人口的服务管理工作本着系统治理、精准治理、特色治理的理念，出实招、显实效，值得借鉴之处是：

第一，加强为民服务能力建设，不断提升针对外来人口的服务质量。番禺区出台“四融”政策，即“本人融入企业、子女融入学校、家庭融入社区、群体融入社会”，促进外来流动人口尽快融入当地经济社会生活，促进基层和谐社会建设。在此基础上，建设以融合学堂为重点的培训服务网络，加大积分服务、整合服务、保险服务，不断增强外来人口的获得感。

第二，开展多元化服务，提升基层政权治理效能。番禺区寓管理于服务之中，通过信息化手段加强登记管理，通过提供活动场所、实行积分制、规划社区项目、提供保险保障、建立流动党（团）组织以及树立“金雁之星”品牌等方式，增强为民服务能力，增进社区和谐稳定。

规范协商　打造基层治理共同体

——广西壮族自治区柳州市柳南区多级多方多措并举推进街道协商规范化的实践

【背景介绍】

广西壮族自治区柳州市柳南区坐落于市区西南部，辖 3 镇 8 个街道，55 个城市社区、42 个建制村，总人口约 58 万人。辖区内有火车站、货运中心、柳工集团、上汽通用五菱、广西汽车集团等，是柳州市重要的交通枢纽与工业重地。良好的工业条件在加速柳南区经济发展的同时，也为其治理带来了两难。一是外来人口管理难，辖区外来人口相对较多、流动性较大，存在一定的矛盾纠纷隐患。二是“三无小区”管理难，因部分企事业单位搬迁、改制等原因，大批居民小区成为“三无小区”，小区基础情况相对较差，人员构成复杂，易产生矛盾冲突。因此，如何化解基层矛盾、有效回应居民需求，成为柳南区基层治理工作的重中之重。

2019 年 1 月，柳南区开展全国街道服务管理创新实验，主题为“街道协商规范化建设”。立足于街道管理体制改革实际，柳南区迅速成立专班领导小组，科学制定工作方案，多级多方多措并举推进街道协商规范化建设工作，积极破解基层治理难题。创新实验开展以来，柳南区以“协商于民，协商为民”为宗旨，以提升街道治理能力及服务水平为目标，按照“整合街道党代表工作室、街道人大代表联络站、政协委员工作站、街道民情民意工作站，建立街道协商议事会”总体工作思路，扎实推进街道协商规范化建设工作，探索形成独具特色的“246”协商工作机制（即街道协商议事组织与合作2个体系、4个街道协商议事步骤、6个街道协商议事机制），并打造协商议事品牌，培育协商议事文化，引导居民主动参与、有序参与街道协商，推进街道协商常态化、制度化，推动街道协商规范化建设迈上新台阶。

【基本做法】

一、锚定难题，组织保障，为街道协商强支撑

根据解决问题的难易程度等因素，柳南区将辖区问题分为大事、中事、小事三个层次，并分别对应成立街道、社区、小区三级协商议事组织与平台，依据协商事项的大小和性质合理确定协商平台，并在不同层级建立协商议事制度，为协商平台的搭建运行予以保障。

在街道层级，建立街道协商议事中心。负责协商解决在社区能力范围以外的“大事”，下设协商议事工作室，负责联系协商议事代表、召开协商议事会议、组织安排日常活动。站长由街道党工委书记担任，成员包括街道党代表、人大代表、政协委员、民主人士、辖区单位代表、社区组织负责人和老干部代表等群体，具有广泛性与代表性。

在社区层级，建立社区协商议事委员会。主要负责处理居民小区协商议事小组上报的“中事”，以及来自居民投诉、政府热线、

柳南区银山街道福鑫社区协商议事会在福鑫小区内组织居民协商小区电动车管理相关问题

“数字城管”等渠道的事件。社区协商议事委员会主任由社区党组织书记担任，成员包括社区“两委”成员、居务监督委员会成员、居民小组长、社会组织、物业公司负责人和居民代表等。

在小区层级，组建居民小区协商议事小组。小组组长从小区党员中推选产生，小组成员主要包括小区党员、热心居民、物业人员等，必要时根据协商事件性质邀请利益相关方或律师等参与。各小区协商议事小组负责所在小区的协商议事组织工作，包括倾听民意民声、收集相关议题、化解邻里纠纷、回应居民诉求等。

二、多方参与，主体联动，为街道协商蓄动能

在推进街道协商规范化实验工作中，柳南区组建街道协商议事

合作体系，积极动员政府职能部门、人大、政协、社会组织等多方主体参与。在协商议事中凝聚最大共识，形成最大合力。

一是党建引领。由街道“大工委”和社区“大党委”引领，形成街道党工委书记、社区党组织书记和小区党支部书记为组织者的三级协商议事中心，三级协商议事中心相互支持，并对辖区单位党组织进行全覆盖。通过党代表接待活动、党员认领任务清单、党员评议等，充分发挥党组织及党员在收集审核议题、组织协商活动、解决问题等方面的作用。

二是人大参与。人大代表是协商议事中心的重要成员，按照“混合编组、多级联动、履职为民”的相关要求，参与相关协商议事活动。柳南区设置了人大代表联络站，每个季度开展人大代表活动。人大代表可以提出议案建议并限时办结，是连民心、收民意、访民情、解民忧的重要力量。

三是政协加入。政协委员同样是协商议事中心的一员，也是协商议事活动的重要参与主体之一，在协商方案的落实过程中也常以委员认领和链接资源等形式助推协商成果落地。柳南区在各街道建设政协委员联络站和界别组委员联络站，将社情民意的收集延伸到基层。

四是部门报到。柳南区建立“五办两中心一队”（即党政综合办、基层党建工作办、公共管理办、公共服务办、公共安全办，党群服务中心、综合治理中心，以及综合行政执法队），实行“街道吹哨、部门报到”，街道召开协商议事活动时，可通知相关部门前来参加，就相关问题予以直接答复与建议。另外，通过部门下沉派驻和挂点联系，形成一支街道综合执法队，有效推动协商成果落地。

三、制度筑基，规范程序，为街道协商固根本

为加强街道协商议事工作的制度化、规范化与程序化建设，柳南区紧紧抓住规范运作关键，出台《柳南区关于推进街道协商规范化建设的实施意见》，确定协商议事的基本阶段与实施流程，四个阶段即“问需协商—实施协商—议题解决—评估协商”。

一是问需协商阶段。本阶段是协商议事活动顺利进行的重要基础与前提，主要回答“谁来议”和“议什么”的问题，以代表管理、议题收集、议题确定、议题公示为工作重点。

二是实施协商阶段。本阶段主要工作为召集各利益相关方正式开展协商活动，达成基本共识，形成协商结果。回答的是“怎么议”的问题，以建立协商组织和成果采纳为工作重点。

三是议题解决阶段。本阶段回答的是“议完怎么做”的问题，由政府职能部门等有关主体组织实施，促使协商结果成功落地，强调多方联动共同推进成果落实。

四是评估协商阶段。本阶段主要回答“做得怎么样”的问题，协商成果落地并反馈后，对协商成果的落实情况进行评估。

与此同时，柳南区以四个阶段为基本骨架，建立完善六个协商议事机制，即推进方案落地的街道—社区—小区“三级解决”机制、政府职能部门参与解决机制、社会组织参与解决机制、经费保障机制、监督方案落地的双向考评机制及群众评议机制，促进协商议事规范化、科学化和可持续化发展。

四、文化塑魂，品牌培育，为街道协商提品质

柳南区以小区原有的大榕树、花圃、石桌、凉亭等为基础，修

缮并增添了部分必要设施。通过修建具有开放性和便利性的协商空间，吸引居民来此协商议事，为形成各具特色的协商议事品牌营造了良好空间环境。

同时，参考人民调解卷宗模板，形成“一案一卷”的协商议事卷宗。协商议事卷宗由专人记录整理，包括协商议事申请书、协商议事受理登记表、活动记录、回访记录、卷宗情况说明等内容，对涉及协商主体、协商会议记录、协商解决方案等都进行了相对详细的记录，对于整理协商案例、进行典型宣传、打造协商品牌、培育协商文化等具有重要价值。

柳南区还将协商议事规则、程序、代表组成和管理制度等内容张贴在协商议事中心，营造良好的协商议事氛围。通过宣传栏、热线电话、接待窗口、微信群等形式进行宣传动员及成果反馈，引导居民主动有序参与协商议事，加快协商品牌打造与文化培育。

通过场景建造、规范卷宗和广泛宣传，柳南区积极培育特色协商文化，打造“广电说事”“航星有约”和“小苑杂谈”等多个名气响、特色足、立得住的协商品牌，有效提升街道协商规范化的整体品质，推进街道协商规范化建设走深走实。

专家点评

广西壮族自治区柳州市柳南区围绕“街道协商规范化建设”主题，在组织构建与程序构建上双点发力，落点长效制度设计，以规范协商赋能基层政权整体建设，其创新价值集中体现于两方面：

一是强调纵横协同，增强协商组织合力。纵向上，柳南区围绕涉及群众切身利益的不同事项，建立逐级提交议题、层层化解难题的三级协商组织。横向上，柳南区通过明确多方参与街道协商的定位、职责与关系，将其纳入制度化参与轨道，充分激活社会主体资源，体现了党领导下多方参与的社会治理理念。通过建立健全纵横组织体系，实现各方优势互补，为街道规范有序协商夯实组织基础。

二是强调民主落地，优化协商程序构建。柳南区聚焦程序民主与实质民主双重价值的实现，结合地方性治理语境，以民主、理性、协调为基本原则，明确街道协商基本阶段与具体实施流程，在此基础上设计多方化、具体化的协商机制，减少实践过程中的“弹性空间”，以程序民主推动实现实质民主，对于基层协商良性运行、深入推进基层政权建设与加快打造社会治理新格局具有重要意义。

打破层级壁垒　提升服务能力

——重庆市北碚区探索构建“三级四务”党群连心集成服务体系的实践

【背景介绍】

加强乡镇政府服务能力建设，是党中央、国务院作出的重大决策部署。近年来，重庆市北碚区坚决落实党中央、国务院关于深入推进审批服务便民化和加强乡镇政府服务能力建设的部署安排，按照市委、市政府推进政务服务标准化、规范化、便利化要求，针对群众反映的办事难、办事慢、来回跑、不方便等问题，在功能、运行、服务三个层面聚焦用力，进行集成式服务，着力打破层级间部门间壁垒，推动服务理念、制度、作风全方位深层次变革，推进街道（乡镇）治理体系和治理能力现代化。

北碚区探索构建“三级四务”党群连心集成服务体系，依托区政务服务中心、街道（乡镇）公共服务中心、社区便民服务中心、园区党群服务中心等，健全“区—街道（乡镇）—社区”三级服务体系，推进“党务服务、政务服务、商务服务、生活服务”四务进三级服务中心，全面推行“综窗”（即综合服务窗口）服务模式，着力解决群众办事多地跑、折返跑和基层服务的堵点、痛点、难点问题，切实打通服务群众“最后一公里”。通过对三级服务中心提档升级、完善功能、优化服务，多部门、多事项、多渠道、线上线下深度融合的综合性服务体系逐步形成，基层服务能力全面提升。北碚区有关做法入选民政部公布的第二批全国乡镇政府服务能力建设典型经验。

【基本做法】

一、聚焦整合服务资源，深化集中统筹强功能

针对部门服务资源分散导致群众办事多处跑的问题，各街道（乡镇）以机构改革为契机，协调街道（乡镇）各部门为公共服务中心赋权、赋责、赋能，以组织资源撬动服务资源，增强“一站式”服务功能，大幅提高政务服务集中度。

服务部门统管。北碚区探索建立街道（乡镇）党（工）委领导、专职副书记分管、党群办牵头日常工作的党政齐抓、跨部门协同的基层管理体制。将分散的服务部门进行“物理集中”，牵头科室对“放管服”改革和“街道（乡镇）—社区”两级服务群众工作进行统一管理，各科室站所落实具体事务，将服务效率、服务质量纳入对应科室站所年度考核内容。公共服务中心工作人员通过部门选派、统一聘用、社区抽调等方式解决，强化对窗口工作人员的管理和培训，形成办得来、留得住、用得好的良性机制。

服务职能统筹。推进直接面向群众、量大面广的高频事项集中进驻街道（乡镇）公共服务中心，强化职能统筹，把好一“进”（受理关）和一“出”（发证关）两个关口，努力推进群众办事“只进一扇门”。区级部门通过委托、下放等方式逐步扩大街道（乡镇）服务权限，各科室站所充分向公共服务中心窗口授权，明确首席代表

和权限，提高服务中心当场办结率。建立街道（乡镇）各部门间共同研究、联合会审、并联审批的机制，健全街道（乡镇）与社区间的上下联动机制，完善公安派出所、市场监管所等服务站点的协同沟通机制，实现服务联动、服务集成。

服务标准统一。建立街道（乡镇）行政权力事项和公共服务事项清单，对申请办理类的200余项镇级政务服务事项统一编制了服务指南，统一事项名称、统一事项编码、统一申请材料、统一认领发布、统一办理标准，街道（乡镇）之间、线上线下保持一致。建立完善街道（乡镇）、社区服务中心建设标准和工作规范，开展服务培训，规范服务言行，改进服务质量，力求审批规范化、办事简单化。

二、聚焦转变服务方式，做实协同联动强运行

针对群众办事多窗跑、反复跑问题，2018年以来，北碚区相继开展"最多跑一次"改革、"一窗式"改革和"三级四务"党群连心集成服务体系建设，以改革优化基层服务，提升基层服务能力和质量。

"专窗"变"综窗"。各街道（乡镇）公共服务中心改变过去按部门单设窗口方式，大力推进综合服务窗口建设，推行"前台综合受理，后台分类办理，统一窗口出件"的服务模式。综合服务窗口涵盖了社保、医保、民政、卫生、规划建设等高频事项，建立"即办件马上办结、承诺件限时办结"的运行机制，变"分散受理"为"统一受理"，变"一事跑多窗"为"一窗办多事"。截至2021年6月，各街道（乡镇）综合服务窗口占比达80%以上，其中蔡家岗等街道（乡镇）综合服务窗口占比达100%。社区便民服务中心全面

北碚区政务服务中心推行“一窗受理”服务

推行“综窗式”服务，降低运行成本。公安部门开展“一窗式”改革试点，治安、交通等多个警种134项业务实现窗口服务“一窗综办”，方便群众“就近办”“一次办”。

“专科”变“全科”。各街道（乡镇）建立“双向培训”机制，提高窗口人员综合服务能力。公共服务中心采取集中式培训，侧重培训窗口服务礼仪、系统操作、廉洁办事等服务要求；各业务部门采取分散式培训，着重培训服务事项线下操作、线上办理等业务。通过多部门学习、系统性培训，综合服务窗口人员由原来只懂单部门业务的“专科医生”变为懂多部门业务的“全科医生”。

“专用”变“共用”。将“渝快办”政务服务平台延伸到街道（乡镇）和社区，逐步打破部门信息壁垒，推进办事“一张网”建设，政务服务事项办事指南信息统一在“一张网”集中公示，确保公开透明；建设政务信息交换共享平台，明确部门、街道（乡镇）

信息共享的种类、标准、范围、流程等，全区 39 个部门 65 类信息资源实现信息资源实时共享。强化街道（乡镇）科室站所间审批信息共享，打破信息条块分割局面。完成电子政务外网社区全覆盖，探索跨部门、跨层级、跨地域网上通办。

三、聚焦提升服务效能，突出规范高效强服务

针对办事效率提高难、质效监督难问题，北碚区建立健全特事特办机制和评价反馈机制，提升群众办事便捷度、政府服务精准度。

线下线上随时办。线下实现街道（乡镇）、社区服务中心全覆盖，在园区党群服务中心、重庆自贸区蔡家区域综合服务中心和西南大学、天生创业创新街、嘉陵风情街商圈、旅游集散中心、邮政银行等设立政务服务点，方便群众多点可办、就近能办。线上利用“渝快办”平台、自助端和手机端应用，引导群众“网上办”“掌上办”“随时办”。探索线上跨层级办事，通过人员培训和分配权限，在符合条件的社区可以直接受理申请，逐级推送到街道（乡镇）和区级部门办理，推进服务扁平化，让“网上跑”代替“群众跑”、“逐级跑”变成“一处跑”。利用公安、税务、社保、民政、交通、卫生、政务等部门自助设备资源，扩充平台办理站点。截至 2021 年 6 月，已建立各类政务自助服务点 46 个，其中 24 小时自助服务点 11 个，其他自助点 35 个。

重点群体专门办。在街道（乡镇）公共服务中心、社区便民服务中心普遍开设“绿色通道”窗口，为老弱病残等特殊群体以及急特事项提供错时、延时服务和节假日办理。社保等部门为残疾人等提供“上门办”，社区可为群众提供代办帮办服务 70 余项，让群众不跑路、少跑腿。有 15 万常住人口的蔡家岗街道开通了“民事直通

车”“企业服务快线”，由街道安排专车每天到辖区社区和有需求的企业收送资料、发放证照。截至2021年6月，蔡家岗街道累计开行1000余班次，行驶里程达2.2万千米，免费接送群众近600人次，为群众代办事项4万余件，代办企业营业执照221家。通过主动服务、提前服务、下沉服务、上门服务、跟踪服务、一条龙服务等措施，提高了办事效率，企业群众满意度明显提升。

投诉建议立即办。全面推进“好差评”制度，群众可通过窗口评价器、手机短信、网上平台等渠道对服务情况开展评价。各街道（乡镇）通过增设便民意见箱、意见簿，公布咨询投诉电话等措施，进一步畅通监督渠道。街道（乡镇）干部适时走居入户、深入企业开展宣传指导，及时就近协调解决办事需求诉求，实现联系服务企业群众常态化。通过对群众投诉建议立即交办、跟踪督办、限时反馈，让群众少烦心、少操心，提升政务服务的覆盖面、社会的参与度和政府的公信力。

专家点评

服务品质是提高基层政府服务能力的重要衡量标准。而服务品质的高低好坏，基层群众最有发言权。重庆市北碚区深入推进审批服务便民化，针对群众反映的办事难、办事慢、来回跑、不方便等问题，在功能、运行、服务三个层面聚焦用力，进行整体化设计、集成式服务，在服务资源的整合、服务方式的转变、服务效能的提高等方面，有很多值得学习借鉴的地方：

整合服务资源，能有效地解决服务碎片化、功能严重不足等问题。整合服务资源，就是要打破部门间壁垒，以提升服务品质为目标进行相应的行政审批制度改革。北碚区以机构改革为契机，协调镇街各部门为公共服务中心赋权、赋责、赋能，以组织资源撬动服务资源，统管服务部门、统筹服务职能、统一服务标准，不断提高政务服务标准化、规范化、便利化水平。

转变服务方式，充分发挥各服务单元的协同联动作用。这项工作的本质是打破服务窗口单一化、服务部门分散化的局面，将综合服务平台进一步下沉，提高服务窗口的综合功能以及窗口办事人员的综合服务能力，发挥各服务单元的协调作用。北碚区的探索启示我们，政府改革应坚持以人民为中心，以群众满意度为标准。

提高服务效能，在办事效率、质效监督等方面不断提高群众的满意度。北碚区健全特事特办机制和评价反馈机制，线下线上随时办、重点群体专门办、投诉建议立即办诸项措施的出台，其目的就是让群众在政府服务质量的评估中有发言权。

构建立体多方治理网络 建设“幸福南关”

——吉林省长春市南关区民康街道深化共建共治推进街道服务管理创新的实践

【背景介绍】

吉林省长春市南关区民康街道面积0.87平方千米，下辖4个社区，划分为33个网格，截至2021年8月，常住人口3万余人。作为东北老工业基地核心城市的中心街域，民康街道面临老旧散弃小区数量多、原生社会资源薄弱等问题。在转型期，推动社会治理重心下移，夯实社会治理基层基础，构建共建共治共享的社会治理格局，不断满足人民群众对美好生活的需要，成为民康街道的中心任务。

在社区开展为民服务、文体娱乐、邻里互助、公益慈善等活动的社会组织，是多方治理格局中的重要主体。2019年，南关区被确定为全国街道服务管理创新实验区，并以“街道社区社会组织管理创新”作为实验主题。以此为契机，南关区将街道服务管理创新纳入全区创新社会治理大格局，并列入“幸福南关”计划。作为南关区创新实验工作的核心试点单位，民康街道从社区社会组织党建联建、物业联盟、公益创投等不同方面开展创新探索，全方位赋能社区社会组织发展，以社区社会组织助力基层治理创新。

【基本做法】

一、加快建立健全政策制度体系

民康街道坚持制度先行，相继出台《民康街道社区社会组织培育发展规划》《民康街道社区社会组织联合会管理制度》《民康街道引导社区社会组织参与疫情防控工作指导意见》等系列制度性文件10余个。在街道的指导下，各社区制定出台了入驻社会组织日常管理制度、志愿者服务积分制度等20余项制度。全街道建立起一套社会组织服务管理制度体系，形成了从管理到服务、从实施到评估、从人员到项目，全方位支持社区社会组织发展的基本政策框架。

二、推动社区社会组织智慧化运行

在摸清社区社会组织底数的基础上，民康街道依托南关区“社区社会组织服务管理综合信息系统”，在街道层面集中力量打造全面覆盖、动态跟踪、资源共享、联管联用、科学高效的“民康街道社区社会组织服务管理智慧系统”，将街道内的社区社会组织服务内容、活动项目、组织机构、奖惩情况等各类信息进行有效整合，建立信息完备的数据库，构建更加直观、立体、实效、便捷的数字网络。依托此系统，民康街道在政务服务上，进一步简化办事流程，实现了社区社会组织登记、备案、注销、年检等服务“一口受理、一网通办”；在日常管理上，依托社区“三长”手机终端，进一步完善发现问题、解决问题、办理反馈的闭环式管理流程，全面提高有关社区社会组织违规运行、违法开展活动等事件的处置效率，实现了管理力量线上线下联动指挥。

民康街道组织“三长”队伍骨干到红色教育基地参观

三、构建“红色民康”城市党建共同体

民康街道筑牢共建共治阵地，打造机关、企事业单位、社会组织共同参与的城市党建共融共生体，并重点整合辖区内外党建资源，培育带动社会组织党的建设和发展。街道党工委从区域化党建需求出发，通过指导社会组织建立党组织、发展党员等方式，不断强化党组织的政治功能。通过基层党建与社会治理深度融合，组成 4 个联盟（即物业公司联盟、社会组织联盟、驻区单位联盟、社区社会组织联盟）党总支。通过服务联合、阵地联合、业务联合、专业联合创立各类服务品牌、开展各类服务项目，共同为居民提供专业化服务。截至 2021 年 8 月，“红色民康”城市党建共同体已发展到 60 余家成员单位，成员单位围绕服务民生、服务社会发展共打造了 20 余个品牌项目。

四、以党建引领打造“蜂巢物业联盟”

针对辖区内老旧小区多、物业服务缺位的问题，民康街道创新构建“物业＋居民自治”为一体的“蜂巢物业联盟”，其性质是街道主导成立和注册的专业化物业服务社会组织。民康街道依托“蜂巢物业联盟”，指导符合条件的小区业主委员会、社区社会组织、物业公司建立党组织，完善物业服务企业党组织和小区党组织建设。以“蜂巢物业联盟”品牌为基石，联合辖区内居民住宅和商务楼宇物业公司建立党支部。按照“区域相对独立”和“方便自治管理”的原则，成立小区党支部，汇集所有居民党员，单独或联合成立“兼合式”党组织，实现支部成员在居民委员会下属物业管理委员会、业主委员会交叉任职。整合辖区 9 家物业服务企业，为辖区居民定制“家庭个性化服务项目”，提供水暖维修、家政服务等 6 大类 110 余项低价优质服务；并上线“物业服务直通车”，一键直通，快速受理、快速解决。制定规章制度与考核办法，对履职尽责、小区精细化管理等内容实行综合量化考核。结合相关部门考评、居民满意度测评和第三方评估机构评定，定期向街道党工委和社区党委报送考核情况。

五、积极发动多方力量精准回应居民需求

为培育孵化更多能够精准高质回应居民需求的社会组织，民康街道探索成立街道社会组织联合会，并引进枢纽型社会组织负责街道社会组织联合会的运营工作，通过培训指导、主题活动等方式，为社会组织增权赋能。一是指导、培育、孵化社区社会组织，并根据文件要求为辖区内的各类社会组织提供备案和注册指导。二是发

挥平台和枢纽作用，链接成熟、专业的社会组织形成街道层面的社会组织成员库，在充分调研居民需求的基础上，做好社会组织服务与群众需求的匹配工作，增强社会组织与社区治理工作的契合度。三是为辖区社会组织提供相互交流沟通的载体，促进社会组织发展，定期对社会组织人员进行培训。在此基础上，民康街道创新成立社区社会组织学校，聘请理论层次高、实务经验丰富的专家授课，通过培训提高社会组织专业化水平，使其能够更好地为百姓提供专业化、精准化、精细化服务。

民康街道各社区灵活招募居民志愿者，组建“家人帮”、“巧手蓝领”维修队、养老助老服务队以及楼道清扫、绿植修剪、小广告清理小分队，吸纳居民2000余人，并通过微心愿认领、社会捐赠等方式筹集物质奖励，调动志愿服务积极性。通过着重整合各类志愿服务力量，民康街道把零散的、业余的志愿者整合起来，将志愿服务活动由“孤岛式”向“组团式”转变，逐渐培育形成专业的志愿服务团体，进而孵化培育成专业的社区社会组织。

专家点评

当前，我国城市基层治理的改革趋向是推动社会治理重心向基层下移。吉林省长春市南关区民康街道着力推动“街道社区社会组织管理创新”，全方位赋能社区社会组织发展，以社区社会组织助力基层治理创新。

其创新和可借鉴之处在于：一是以党建引领构建“红色民康”城市党建共同体、打造“蜂巢物业联盟”，发挥组织力量凝聚城市基层多方力量，破解老旧小区物业弃管问题；二是在街道层面探索建立街道社会组织联合会，在培育孵化、指导培训、资源供给、供需对接等方面给予全面支持，助力社会组织成长；三是将分散的居民志愿者组织起来，打造志愿者团队，并将其逐渐孵化培育成专业的社区社会组织，提升社区治理水平。

长春市南关区民康街道的经验启示我们，坚持党建引领，在多方参与互动互嵌中构建起共建共治共享的治理格局，形成以“公＋共”为特质的新公共性，才能真正推进基层治理体系和治理能力现代化。

打通服务群众“最后一百米”

——湖北省武汉市青山区钢花村街道发展“红色物业”提升为民服务能力的实践

【背景介绍】

湖北省武汉市青山区钢花村街道辖12个社区，人口近10万人，共有老旧小区31个，其中，市场型物业服务企业管理小区20个，公益型物业服务企业进驻小区7个，无物业、自管型小区4个。31个小区多为低水平物业老旧小区，历史欠账较多、基础条件较差，规模较大的物业服务企业仅有长江现代物业、兴城物业，市场服务能力明显不足，具体表现为：社区老旧、老龄化特征突出，老旧小区基础设施老化、设施配套不全、环境脏乱差、物业管理机制不健全等。加之物业服务企业、小区居民和居委会之间的联结点未打通，居民反映频繁的小区停车难、噪声骚扰无人管理、社区环境卫生差等问题难以解决或解决不及时，物业服务企业和社区居民之间矛盾重重，社区治理难上加难。

2017年，武汉市实施“红色引擎工程”，将“红色物业”作为主攻方向和突破口，开启了基层社会治理实践创新的探索之旅。钢花村街道党工委积极响应市委、区委关于推进“红色引擎工程”的部署要求，坚持党建引领基层治理，实施“红色物业”“三型联推”，推进市场型物业专业化、公益型物业市场化、自管型物业规范化，把“红色物业”打造成为推进基层社会治理体系和治理能力现代化建设的有效载体，不断提升居民群众的满意度和获得感。其中，117社区是青山区第一批公益型“红色物业”试点社区，2017年至今，经过4年成长，已由公益型物业成长壮大为市场型物业，是老旧小区实现“无物业—低水平物业—公益型物业—市场型物业”转化的典型。

【基本做法】

一、夯实“一轴引领”组织体系，抓牢“红”色鲜明主线

钢花村街道通过建强“街道党工委—社区党委—小区党组织”党建主轴，构建纵到底、横到边的组织网络，为推进“红色物业”提供坚强组织保障。

强化“三级融合”。一是街道党工委统筹部署。实施“红色物业”三年行动计划，明确街道党工委副书记统筹负责物业管理和党建工作，避免“两张皮”。实行街道物业管理联席会议制度，统筹房管、公安、民政、城管等力量，合力解决物业服务问题。二是社区党委协调推动。建强“红色业委会”，推选2名社区“两委”成员担任业委会主任，推荐107名党员骨干参选业委会委员，成立业委会党支部10个。选派14名党建指导员，督促物业服务企业规范组织生活，确保党对物业服务企业工作的领导有形有效。三是小区党组织落细落实。成立小区党组织，建立支部先议机制，物业及业委会日常工作经小区党组织研究后实施。在有条件的小区建立小区

驿站，拓宽“红色物业”服务阵地，做实做优家门口的党建工作。

深化“三方联动”。一是明确三方责任。明确社区居委会、业委会、物业服务企业三方责任，通过设立“三方联动活动室”，签订“三方联动责任清单”，公示“三方联动公开承诺”，推动居委会、业委会和物业服务企业各司其职、互融互通。二是推进“双向进入、交叉任职”。选任兴城物业董事长担任街道党工委委员，长江现代物业负责人担任街道兼职委员，物业服务点、业委会党员负责人兼任社区兼职委员，社区副主任兼任物业服务企业义务质量总监，实现物业服务与社区治理同频共振、同向发力。三是定期议事协商。定期召开区域化党建联席会、物业管理联席会，处理“疑难杂症”。

做优“三个载体”。探索“天天敲门组”“顺顺吧”和“好样的工作队”三个载体在“红色物业”中的积极作用。依托“天天敲门组”上门入户，大力宣传“红色物业”的推进情况和成效，提高“红色物业”的知晓率和满意率。依托“顺顺吧”实时收集民情民意，将“红色物业”各项政策及时传达。深化“好样的工作队”服务，相关区直部门就社区硬件项目进行改造，社区面貌焕然一新。

二、构建“三型三化”实施路径，抓实“治”理改革成效

钢花村街道党工委因地制宜为不同类型小区量身定制“红色物业”落实举措，确保“药对其症”。

推进市场型物业专业化。2017 年，长江现代物业入驻钢花村街道南苑社区和 119 社区，逐渐改变武钢职工楼低物业水平状态。

一是做强一个平台。搭建重大事件联动破解平台，共同处理房屋漏水、围墙翻新加固处理、套白翻新、修剪绿化等工作，实质性改善小区环境，“老旧小区”变成了“宜居社区”。二是推动“双网融合”。推动物业服务网格与社区治理网格“双网融合”，建立物业“楼管员兼职网格员”分片包干责任制，选派12名业务突出的“红色物业”大学生担任楼管员兼网格员，通过线下随时上门入户，线上网格群随时回复诉求。三是探索“四联三动”工作机制。社区加强与物业服务企业沟通协调，物业工作人员加入社区“天天敲门组”，相互走动、共同行动、经验互动。截至2021年8月，南苑社区和119社区物业服务质量、社区环境、居民满意度实现“三提升”，物业费收费率连续三年达到了95%以上。

推进公益型物业市场化。2017年，钢花村街道117社区和青翠苑社区作为第一批公益型“红色物业”试点开始运行，在街道党工委、社区党委和兴城物业的共同努力下，逐步实现公益型物业向市场化转变。一是引导多方力量共同融入。街道党工委统筹谋划，大力推进海绵工程改造、二次供水改造，解决民生难点；整合职能部门力量成立“红色物业公益服务部”，负责保修、保绿等，物业成本大幅度下降。二是推进服务多元延伸。以“高质量、低价格”为基础，前三年由“红色物业公益服务部”补贴不足部分；以“多元化、利民性”为外延，物业服务企业积极承担社会责任，参与社区各项建设。三是探索创收多元渠道。开发“好帮手”线上服务平台，探索“互联网+”服务项目，链接家政、修理、蜂巢快递等社会资源。经过三年努力，117社区物业从每户每年10元的公益型物业，转变为每平方米0.7元的市场型物业，物业费收费率达到93%。

推进自管型物业规范化。钢花村街道121社区春笋园小区在社区党委的领导下，全面推开自管型物业服务，实现了从无人治理、混乱不堪到多方共治、整齐有序的蜕变。一是老旧改造扮靓家园。以老旧小区改造为契机，春笋园小区进行安装居民单元楼入户防盗门、粉刷楼道墙面等改造，实现了从小区外观到居民生活品质的整体升级。二是居民自治优化服务。组织党员、志愿者和居民骨干加入“天天敲门组”和治安巡逻服务队，及时收集居民信息和问题。三是多方联动长效管理。积极协调区级“红色物业公益服务部”以及电力、水务、燃气、通信等部门，建立“小区联动治理”工作群，形成快速协调处理机制，保障居民生活秩序井然。

改造后的钢花村街道春笋园小区

三、坚持“三措并举”保障机制，抓好“久”远持续推进

钢花村街道将可持续发展作为“红色物业”的前进方向，用好骨干队伍、加大项目支持、规范制度管理，让“红色物业”站稳脚跟、良性发展。

用好骨干队伍，强化工作力量。一是专业队伍打头。全区66个职能部门依托“好样的工作队”，深入社区开展专业化服务。二是下沉队伍支撑。12个社区共接收省、市、区24个单位党支部包保小区，1304名居住地报到党员进网入格、包保楼栋、参选业委会，促进矛盾化解。三是后备队伍补充。社区工作者与“红色物业”大学生结对实行“导师制”，探索建立“红色物业党员大学生—公共服务干事—社区‘两委’成员—社区党组织书记”成长链条，择优推荐报考公职岗位，使干得好的留得住。

加大项目支持，打牢服务基础。一是整合资源提档硬件设施。推动“红色物业”与“三供一业”改造、惠民项目、平安建设等民生工程结合，推进老旧小区改造。街道、社区定期会同物业服务企业、社区民警联合开展安全隐患大排查，大力整治安全隐患，营造安心安全的居住环境。二是因地制宜确定服务模式。根据小区基础设施情况和业主意愿，灵活采取选聘市场型物业服务企业进驻服务、居民自管物业服务等小区物业服务模式，对少数基础条件差、管理难度大的老旧小区，申请区级物业进驻补贴。三是全民发动开展爱卫运动，减轻物业保洁压力。

规范制度管理，探索行业标准。一是建立“红色物业”服务标准体系。制作物业服务标准手册，制定“红色物业”质量管理体系

白皮书，推动物业服务企业服务专业化、制度化。二是建立“民呼我应”快速响应机制。物业工作人员全部“进网入群”，线上线下有效结合，实行“24小时问题处理机制”。三是建立长效监管机制。探索开展“三巡查一报告”制度，通过月考评、季报告、半年讲评、年考核，对物业服务企业服务质量、党建工作、业主满意度开展巡查考评，并将考评结果纳入“红黑榜”和“星级评定”。

专家点评

钢花村街道以发展“红色物业”提升街道为民服务能力，打通服务群众“最后一百米”的创新实践表明：要构建高效运行、群众满意的物业服务体系，就必须以系统改革思维优化物业服务的整体制度环境，不断营造物业行业良性发展的生态体系。钢化村街道“红色物业”的党建引领工作深度嵌入物业行业发展与社区治理的诸多关键领域，为物业服务企业的可持续发展提供了重要支持，在一定程度上探索出了物业服务深耕社区的可推广、可复制的工作模式。

一是依托一贯到底的组织体系，为物业服务有效运行提供系统支持。钢花村街道充分发挥街道党工委、社区党委、小区党组织的分级分层保障作用，调动社区内的一切支持力量帮助物业服务企业更好倾听民意、服务民生；推动物业企业代表在社区自治网络中更好发挥作用，推动物业企业形成以群众需求为着力点的工作导向；通过群众工作发动社区居民支持物业管理。这些党建工作深度嵌入物业发展的整体制度环境，为物业服务破解难题提供重要支持。

二是以分类治理为着力点，找到物业发展与民生改善间的最大公约数。街道党组织推动市场型物业深度融入社区治理体系，使红色要素成为物业发展的重要特征；强化公益型物业的自我造血能力，不断提升物业服务民生能力；推进自管型物业依托社区自治机制规范化发展，实现小区长效管理。这些做法找到了强化不同类型物业服务民生的关键机制，产生了显著的治理成效。

三是以发展眼光推动物业规范发展。钢花村街道的探索实践表明，提升物业服务能力关键是要推动物业行业可持续发展——只有建立起规范运行的物业行业发展机制，才能更好提升人民群众的满意度。钢花村街道通过用好骨干队伍、加大项目支持、规范制度管理等方法，有力推动了物业服务的可持续发展。

打好党建引领“组合拳”破解城市基层治理难题

——海南省海口市琼山区府城街道以“党建引领+”推动街道治理能力建设的实践

【背景介绍】

府城街道作为海南省海口市琼山区的老城区，仍然保留着完整的老城格局。如马鞍街、达士巷、绣衣坊、鼓楼街、尚书直街等小街小巷，都保持着原来的格局和走向，比较完整地反映了府城街道发展的历史踪迹和历史特色风貌。

随着海南自由贸易港建设开始启动，城市基层治理面临着巨大的挑战。府城街道针对社会稳定、社会管理、小区治理、矛盾纠纷调解、城市更新等城市治理的重点难点问题，始终坚持“党建引领+”，通过建立推动“党建联建”“街道吹哨、部门报到”“居民自治”“人民调解”“前线支部”等多种工作机制，整合各级各方力量，以街道党建、单位党建、行业党建互联互动为抓手，结合城市居民自治、纠纷调解、更新改造等现实问题破解城市治理难题，积极推动社区治理现代化，提升社区治理法治化水平，将社区各项事务纳入法治轨道，实现规范化运行。

【基本做法】

一、“党建引领＋党建联建”，破解社会稳定难题

府城街道坚持党建引领，建立起以街道党工委为核心、9个社区党组织为基础、各驻区单位党组织共同参与的“1+9+N”区域化“大党建”工作格局。以城市基层党建“四个双向”（即“双向组建”强核心，筑牢基层战斗堡垒；“双向培养”育骨干，壮大一线力量；“双向进入”促发展，党建引领凝聚合力；“双向提升”增收入，拓宽致富路径）制度为核心，进一步明确各联建单位在区域化“大党建”工作格局中的责任，形成“上下联动、横向互动、优势带动”的党建联建体系。在市委市政府、区委区政府的支持和区委组织部的指导下，建设府城街道党建服务中心，完成“12345+网格化”、党群活动中心、文史馆、微型消防站等服务阵地建设，与辖区内10多家驻区单位建立党建联建关系，开展了“党建联建聚合力 禁毒城市齐创建”主题活动、“城管＋党员志愿者”红城湖巡查等具有代表性的活动。特别是与琼山飞鹰大队开展常态化党建联建，在提供办案线索、打击违法犯罪、开展禁毒宣传、排查信访维稳等工作中互联互动、齐抓共管，社会治安得到明显好转，人民群众安全感显著提升。

二、“党建引领＋‘街道吹哨、部门报到’”，破解社会管理难题

为着力解决长期困扰城市发展、城市治理的难题，打通服务群众“最后一公里”，府城街道以加强党对基层治理的领导、提升

党建引领基层治理水平为主线，以让群众生活更方便、更舒心、更美好为目标，推动“街道吹哨、部门报到”机制向各项工作延伸。2020年年初，新冠肺炎疫情暴发，府城街道坚持以党建引领，迅速启动“街道吹哨、部门报到”工作机制。以街道为大网格、社区为中网格、片区为小网格的形式，采取“外防输入、内防反弹”的防疫策略，充分调动卫健委、疾控中心、派出所、联防、城管、环卫等职能部门的力量。各职能部门与街道、社区紧密配合，“上下联动、左右协调”织密疫情防控网，辖区疫情防控工作取得显著成效。2020年9月，为强化社区一线服务群众的能力，府城街道府城社区建立兼职委员制，整合教育、民政、医疗、住房等部门资源，依托“放管服”改革成效，探索社区为民服务新举措，实现小事不出门、大事不出社区，让社区群众办事更加便利。

三、“党建引领＋居民自治”，破解小区治理难题

府城街道辖区内共有197个小区，老旧小区占比63.5%，小区治理工作面临着巨大的压力。2019年，文庄路20号小区在推进社会化管理过程中，因管理混乱、居民物业意识薄弱等种种原因，存在难以引进物业公司等问题，工作进度一度停滞不前。为有效解决小区社区治理难题，府城街道坚持党建引领，成立小区业主党员志愿服务队。志愿服务队以党员干部为主，并重点吸收基层退休老党员干部，创新工作方法，转变工作思维。通过退休老党员干部的带领，志愿服务队入户开展宣传发动和思想引导工作，走近群众、贴近群众、倾听群众，让群众切实感受到党和政府关心关怀，支持理解政策举措。同时，有效引导小区业主实行自我管理，通过街道社区、住保中心等部门的指导和业主的共同努力，以楼栋为单位，该

府城街道邀请退休老党员到老爸茶店开展“益·老爸茶”党史宣传活动

小区自行推选出了14名业主代表，成立小区自治管理临时工作组，统筹推进入户摸排、水电费收缴和宣传发动等工作，有效破解了老旧小区治理难题。此外，府城街道深入贯彻落实有关老旧小区改造工作的决策部署，2019年推动1个老旧小区改造工作，2020年推动6个老旧小区改造工作，2021年持续推进23个老旧小区改造工作。每一个老旧小区改造都坚持问计于民，以解决居民的急难愁盼为工作的出发点，不断提升小区居民的获得感、幸福感。

四、“党建引领＋人民调解”，破解矛盾纠纷调解难题

街道作为区政府的派出机构，是群众诉求的第一站。为有效化

解矛盾纠纷，推动社会和谐稳定发展，府城街道依托司法体制改革成果，创新工作方式方法，深入探索“党建引领＋人民调解”工作模式。面对新冠肺炎疫情期间商户要求减租的问题，府城街道遵循“提前介入、摸清底数、搭建平台、设身处地、分级化解、人民调解、坚持立场”等原则，积极联合多部门进行调解。在这场矛盾纠纷调处工作中，府城街道党员干部联合基层调解员站在公道正派的立场，充分听取当事人的意见，讲解有关法律法规和国家政策，耐心疏导，在与当事人平等协商、互谅互让的基础上提出纠纷解决方案，为双方提供法律支持和保障。联合工作组为矛盾双方树立“利益共同体”的意识，充分引导双方在商场管理、基础设施、人员管理、吸引客源等方面多出点子，尽可能地减少双方的损失，从而使双方意愿达成一致，有效化解矛盾纠纷，增强了社区议事协商能力。

五、“党建引领＋前线支部”，破解城市更新难题

随着经济社会的发展，城市更新成为满足人民群众日益增长的优质居住环境需求的重要途径。但在推进城市更新的过程中，往往会出现许多难题，如群众对政策不理解、老人安置难、补偿标准低、置换条件高等。府城街道坚持“落实要求，计划重点先行；承担使命，党员领导先行；攻坚克难，思想动员先行”的棚改工作思路，适时组建 6 支工作队伍，每支队伍由 1 名街道班子成员任组长，由“街道＋指挥部＋责任单位＋社区＋重点公司”相关人员任组员，采取“一二三工作法”推进工作顺利完成。其中，“一”是“一线工作”，街道、社区工作者深入一线与群众面对面，了解群众诉求，化解群众心结，解决群众困难。“二”是“两名党员”，确保每一支棚改工作组中至少有两名党员，发挥党员先锋模范作用。“三”是

“三重身份”，在整个征拆工作中，街道、社区工作者时刻当好棚改政策法规的“宣传员”、项目征收的“攻坚员”和群众利益的“保障员”。以身边人说身边事，用身边事说服身边人，通过以拆促签的方式，引导群众主动签约，设身处地解决群众实际困难。

专家点评

府城街道经验的关键在于以党建引领为纽带破解治理难题，推动了街道治理能力的建设。

府城街道以党建引领为纽带的“组合拳”是一项系统性工程。第一，它不仅包含了基层政权组织结构本身的优化完善，而且强调其与基层社会多样现实问题和复杂治理实践的契合性。第二，就组织化而言，区域党建引领和党建联建下的“街道吹哨、部门报到”模式通过组织的密织重塑，将碎片化的治理力量进行吸纳整合，优化了基层政权治理的组织化能力。第三，通过将红色基因引入复杂多样的基层治理实践，有效激发了社区活力，使得基层政权治理过程能与基层社会基础有机嵌适。总体而言，府城街道着力优化提升基层政权组织化水平和嵌适性能力，为其为民服务、议事协商、应急管理和平安建设等具体能力的建设奠定了基础。

健全基层群众自治制度

党建引领社区协商
推动多方参与社区治理

——广东省珠海市香洲区推动社区协商治理的实践

【背景介绍】

广东省珠海市香洲区下辖10个镇街，涵盖130个社区居委会，常住人口112.41万人。该区人口聚集、交通便利，是全市经济、政治、文化、科技中心。自2015年被民政部确定为第三批全国社区治理和服务创新实验区以来，香洲区紧紧围绕“借鉴港澳经验，提升社区治理与服务水平”实验主题和总体目标，针对城市社区和老旧小区治理的瓶颈难题，设计制定协商治理的目标与框架，形成了“一个引领（党建引领）、一线（抓住议事规则的主线）、两面（制度建设、活力建设两个方面）、四点（协商主体、协商内容、协商形式、协商机制四个支点）”的社区协商机制，探索出了一条切实可行的社区基层协商治理之路。该区于2018年顺利通过实验区结项验收，成功创建全国社区治理和服务创新实验区。

香洲区通过开展以党建为引领的社区协商，激活了现有的制度体系，搭建了收集意见建议、发动群众参与社区公共事务、化解社区纠纷矛盾、培养社区居民骨干为一体的重要平台。如今，香洲区党群关系更加紧密，邻里关系更加和谐，党员示范带动作用明显提高，居民对社区居民委员会的工作更加认同和支持，居民对社区工作者更加信任，社区凝聚力显著增强。

【基本做法】

一、坚持党建引领

香洲区探索实施社区党委领导下的居民议事制度，由党组织审核把关社区议事协商议题，牵头组织议事协商的过程，负责督办协商事项的落实，保证党组织领导社区协商的全过程。在香洲区已开展议事协商的75个社区中，社区党组织领导协商的定位明确写在各社区的协商自治章程中。

同时，该区积极发动社区内具备专业职称的党员和专家组建“红色智囊团”，为议事协商提供专业意见，并通过“党员双报到”等形式培育“红色议事代表”，带动社区居民和各方力量广泛参与社区协商过程和协商成果落实。全区近4000名议事代表中，党员占比接近1/3。此外，由培育的议事代表牵头，组织建立“红色业委会”、楼道共治会等，让党员充分发挥社区议事协商的“领头羊”作用，使协商治理机制成为社区发展的“稳定器”“平衡器”和“调节器”。

二、突出制度机制建设

社区治理各方主体有着多元化利益诉求，社区协商需要让不同利益诉求的群体和组织就社区公共事务表达诉求，厘清各方权力和责任的边界，最终达成共识，实现社区动态和谐。

香洲区在推动社区协商治理过程中，从基本规则的确定、议事会的构建、协商章程的确立，到资金规则的拟定、协商边界的划定、例会的召开等，始终注重规章制度建设与落地，推进社区协商制度建设持续运行。在全区范围内制定了《香洲区社区议事规则十三条》《社区居民协商自治章程》《社区居民议事代表选举办法》《社区评议小组工作办法》《社区参与激励机制》等一系列社区协商制度，确立了“居民建议—代表提议—小区商议—党委审议—议事会决议—群众评议”的“六议”工作法，推行“提案公开、程序公开、结果公开、方案公开、资金公开、结果公开”的“六公开”监督机制。

2019 年 8 月，在全面总结经验的基础上，香洲区又制定出台了《珠海市香洲区社区协商操作指引》，为推进社区协商工作提供了详细的技术操作指南，使各社区能够规范、高效地搭建社区协商平台。该区通过印发《香洲区社区协商案例集》，展示如何通过社区协商解决社区治理中的急难问题，从具体实践入手为社区治理提供案例支撑。通过在老旧小区中建立“业委会—议事会—监事会”机制，

香洲区开展社区协商分享交流会

使老旧小区变为和谐共建的示范小区。截至2021年1月，香洲区共建立类似机制的小区8个，均取得显著治理成效；通过组织物业协商会，让居民与物业结成友好共建力量，大大降低了居民投诉率，提升了社区威信；在开展楼道翻新、小区改造、电梯更换等项目中，居民也积极参与环境改造工程。

三、发挥专业团队辅导作用

2016年至2021年，香洲区连续6年累计投入近500万元，以政府购买服务的方式聘请全国知名议事协商专家团队，驻点开展议事协商专业辅导工作。专家团队全程参与社区议事规则和议事清单制定、议事会主持人培训、议事会议规则培训、议事代表推选等工作，对香洲区社区协商有序规范开展起到了重要作用。在引进外部专业力量的同时，香洲区注重培育本地议事协商专业人才队伍。通过社会创新专项资金扶持，孵化社区协商专业组织，培育相关从业人员20余人，为各社区开展社区协商治理工作提供专业支撑。香洲区还委托辅导团队，依托现有成果搭建了“香洲区社区协商实训基地”“香洲区社区协商顾问平台”，优化了咨询和辅导机制，专业辅导作用得以充分发挥。

四、发掘培育社区居民骨干

在社区“两委”班子的支持下，议事协商专家团队对议事代表开展议事规则专业培训与实践指导，为社区协商自治与社区治理创新工作的开展培养了一批社区能人，实现了居民参与社区公共事务从无序到有序、以规则化解冲突的转变。

例如，拱北街道华平社区华宁花园业委会主任定期组织召开议事协商会，在推动小区居民自治工作中发挥了极大作用，使“规则＋议事”的议事协商理念深入人心。又如，北堤社区议事会在解决小区排水问题过程中，社区在专业团队的技术支持下，培育出一批熟悉议事规则的社区议事会“金牌主持人”与优秀的议事代表，秉承非经评议或议事的社区事务不开支原则，获得居民信赖。

香洲区积极发动社区有法律、文体、财会、建筑等专业知识的居民参与社区协商活动，对热心社区公共事务、积极参与社区协商活动，有较强号召力、领导力和组织能力的议事代表进行重点联络和重点培养，有针对性地将其培养成为社区议题的发起人、社区协商活动的主持人和社区社会组织的领头人，发挥社区居民骨干的示范带动作用。截至2020年年底，香洲区累计培育熟悉议事规则的居民会议主持人60余人、社区会议秘书50余人、社区社会组织领头人100余人。这些骨干人才不仅服务于社区协商治理工作，也为做好其他社区治理工作奠定了坚实的群众基础。

五、分批稳步推进协商工作全覆盖

2016年起，香洲区按照“试点先行，逐步推开”的原则，首批从新城区、老城区和村改居3种不同类型的社区中分别选择1个社区开展试点工作，围绕如何通过议事协商解决社区以及各小区的难点问题，形成了一系列可供借鉴的经验，并逐步推广。2017年，在全面总结首批3个试点社区经验做法的基础上，香洲区将协商试点社区扩大至32个，涵盖全区9个镇街的社区，社区协商的关注度不断提升。2019年，香洲区按照全面铺开的节奏，继续选取了23个社区，分片区整体推进，做法更加系统化、整体化，逐步形成了“一个引领、一线、两面、四点”的社区协商机制。截至2020年

12月，开展社区协商的社区合计达75个。香洲区将已出台的《香洲区社区协商操作指引2.0》作为技术指导手册，预计在2021年年底前实现社区协商全覆盖。

截至2021年8月，香洲区推选的议事代表近4000余名，召开议事会1000余次，超过10万人次参加议事协商，协调解决了2000多个“急、特、难”等问题；实现了2000多万元社区治理资金的精准投放，撬动居民自筹资金800多万元；通过社区协商平台培育社区社会组织160余个，参与人数4500余人，有力推动了基层民主协商工作。

专家点评

广东省珠海市香洲区坚持“党建引领社区协商、推动多方参与社区治理”，构建起了以党建为引领，以议事规则为主线，以制度建设和活力建设为重点，以主体、内容、机制和形式为支点的社区协商模式。

该模式的创新之处在于制度规范与共治实践相辅相成。一方面，香洲区注重协商规章制度建设与落地。以自治章程、操作指引、工作办法的形式，明确议事规则、组建多方会谈、培训专业方法、拟定资金规则、划定协商边界，推进协商制度科学持续运行，提升多方主体的协商规则意识和协商参与能力。另一方面，重视深化协商共治实践。始终坚持党建引领，协商议题由党组织把关、议事过程由党组织牵头、协商事项由党组织督办。积极引导社区居民、社会组织等主体参与协商，强化多元效能以实现社区治理的动态和谐。引进外部专业力量，委托知名议事协商专家团队驻点辅导，并孵化本土专业队伍。搭建协商实训基地、协商顾问平台，助力全区分批稳步推进协商工作全覆盖，营造“居民事居民议，居民事居民定”的有序协商氛围。

开展多维议事协商　创新居民自治模式

——浙江省海宁市硖石街道探索基层复合协商治理新路径

【背景介绍】

硖石街道位于浙江省嘉兴市海宁市中心城区。2019年，硖石街道入选创建第二批浙江省社区治理和服务创新实验区。街道党委高站位推进、强机制落实，积极探索党建引领、结构优化、多方协同、共建共享的社区治理和社区服务新模式，为实现平安善治海宁提供了实践样本和基层经验。

在省级实验区创建中，硖石街道以社区物业管理为“小切口”，带动社区居民自治“大纵深”格局，充分确立居民“社区主人翁”地位，以基层民主协商为主路径来推动形成“众人的事众人来商量”氛围。

针对居民参与积极性不足，社区停车难、垃圾分类推进落实难等问题，硖石街道创新基层党建引领“火红物业”，形成了“社区问题精准识别—社区矛盾复合协商—社区共识整合资源—社区行动组织化参与—社区工作居民评议”五步闭环工作方法，实现了多方共赢新局面，有效降低政府基层治理成本，提升社区居民“自我完善和自我发展”能力，居民逐步树立起了“社区是我家，幸福靠大家”的主体意识。

通过与实验区创建前的数据相比较，创建实验区后：党员社区志愿者覆盖率达 100%，社区矛盾纠纷数量下降 30.8%，社区养犬纠纷下降 54.7%，社区垃圾分类正确率达 92.30%，居民自主开展活动次数提升 68.6%，刑事警情与治安警情分别下降 29.4%和 39.6%，重大事故发生率也下降了 38.5%。

【基本做法】

硖石街道不断完善基层民主协商制度，围绕涉及群众切身利益的事项确定协商重点，因地制宜开展基层民主协商自治工作，多渠道收集民情民意，实现了小事不出社区、大事专业队伍协调、难事多部门统筹。

一、搭建三级基层民主议事协商平台

硖石街道每个社区形成楼组、小区、社区三级议事平台与分层决策渠道，完善三级分层决策监督激励机制，构建“事务分流、协商分类和决策分层”的“大协商”流程管理平台。在此过程中，特别重视提升居民民主协商的有效度。

第一，形成平等协商主体是关键。在织密基层空间网格的同时，注重居民“社群性”特征，提高居民组织化程度，帮助社区中特殊困难群体形成议事小组，并推荐代表参与居民协商，以保证其合法权益。在居民组织化程度不断提高的过程中，提升居民话语权和参与基层协商代表的“组织代表性”，确保基层民主协商参与主体的多元化，保障协商议题能够真正反映社区居民需要，解决社区难点和痛点问题。

第二，形成社区居民制度化参与机制是保障。居民协商能够谈得好，能够形成共识，关键在于制度机制的保障。硖石街道积极推进社区居民议事协商的常态化和制度化运作，原则上每个社区每季度开展不少于 1 次的居民议事协商。

二、打造党建引领多方协商治理品牌

硖石街道积极搭建社区物业管理多方协商沟通机制，完善社区党组织、社区居民委员会、业主委员会和物业公司等“六位一体”的基层协商机制建设。

将每季度物业例会和党建引领的“火红物业”中社区居民参与部分相结合，完善基层民主协商和居民参与机制，积极推进征询会、议事会和交流会“三会制度”。打造“最美系列”工程，通过建立“红色物业俱乐部”加“红色智囊团”为支撑的智库管理体系和议事协商制度，综合运用“互联网 + 物业”等智能化支撑手段，破解社区停车难问题。开展“物业沙龙”“业委会沙龙”“我是红色物业人——志愿服务活动”和“管家风采秀”等一系列活动。

三、完善“5+N”社区社会组织复合协商机制

在社区党组织的领导下，硖石街道根据居民需求和现有资源，积极发动各社区党员、律师、达人和热心志愿者等，组织设立以睦邻、银龄、环保、文化、物业为主的“5”个社区社会组织。各个社区根据实际情况，可因地制宜增设“N”个社区社会组织。街道动员鼓励社区党员参与社区社会组织工作，充分发挥党员的引领和示范作用。每个社区社会组织总人数为 5 至 11 人，其中至少有 2 名牵头人（其中 1 名必须是党员）。通过将社区事务、服务交由相应社区社会组织负责，坚持“专员管专事”原则，实施“一人一岗，不交叉任职”，

硖石街道“5+N”社区社会组织聘任仪式

实现了社区服务自助、事务分流，形成了“专员议专事、多方议难事”的社区复合协商工作法。截至2020年12月，“5+N”社区社会组织开展的各项议事活动总计1000余次，联合协商难事20件。

“5+N”社区社会组织成立后，通过管好专事和难事，激发了社区居民与社区组织的活力。硖石街道南苑社区南苑二里小区社区社会组织，针对居民不文明养犬行为引发邻里纠纷问题，联合开展“宠爱益家——文明养犬睦邻里”行动，通过民主协商制定“社区养犬公约”，居民的不文明养犬行为大幅减少；硖石街道新苑社区上城蝶园小区出现外墙脱落、屋顶漏水等需多部门协调的综合性复杂事项，由物业社区社会组织提出建议，社区党组织牵头，联动各部门、社区社会组织，共同商讨、提出方案、解决问题。

四、构建民主协商“治享空间”

在完善社区层面的“居民会客厅”“居民议事厅”和“红色议事厅”的基础上，硖石街道充分挖掘各小区内闲置用房或物业用房，实体化打造集“知享、资享、智享、治享”于一体的“治享空间”，让居民“走进来”“坐下来”“聊起来”“议出来”。通过组织开展各类活动和议事协商会议，引导居民积极主动参与社区治理，营造“一家人一家亲”的良好氛围。硖石街道通过构建民主协商“治享空间”，创建了众多社区议事协商平台，使居民自治由“单边行动”向“多边互动”转变，如南关厢社区名都花园的名都红驿站、赞山社区的金街红益廊等，推动居民零距离参与社区治理。

五、创新“标准化导向”民主协商特色

硖石街道坚持以标准化为导向，探索制定了5个服务规范，综合形成基层民主协商的指导性手册。硖石街道邻聚益家“治享空间”服务规范中特别制定了“治享空间”议事规范，对运用“治享空间”技术明确了操作流程；硖石街道“5+N”社区社会组织规范对5个社区社会组织的组成、议事范围和议事会议的召开等有详细规定；硖石街道基层议事协商规范对街道基层议事协商基本原则、平台建设、协商环节和协商执行等有明确规定；硖石街道“红色物业”议事规范则对议事会组成、议事会工作职责、议事会议程序、议事会管理和监督等内容作了规范。

专家点评

《中共中央　国务院关于加强基层治理体系和治理能力现代化建设的意见》要求，增强乡镇（街道）议事协商能力，完善基层民主协商制度。浙江省海宁市硖石

街道创新居民自治模式，开辟以“多层级议事平台、全方位自治体系、民主协商机制、共享性服务空间、标准化工作规范”为要点的复合民主协商新路径，激活居民自治潜能，推动构建人人有责、人人尽责、人人享有的基层治理共同体。这一路径具有两大借鉴意义：

一是以多方组织体系凝聚基层自治合力，全方位夯实治理基础。在党建引领下构建居委会、物业公司等多主体协同网络，围绕睦邻、养老、环保、文化、物业等民生关切自治事宜，吸纳社区积极分子与能人资源，因事制宜、规范建设社区社会组织，实现分散居民再组织化。立足民需开展议事活动，提升居民社区认同感与凝聚力。构建组织共享空间，划定行动边界，整合服务资源，优化基层自治服务格局，保障居民自治的有序性与可持续性。

二是以规范协商流程助推自治议事运转，全周期提升治理效能。在协商初期，借助需求研判，分层推动多级治理平台明晰自治议题；在协商中期，依据议题性质应用“专事专议、难事众议”分类协商机制，加强多边互动，协助科学决策；在协商后期，遵循议事标准与操作规范，保障分步实施，强化有效监督。以“小事不出社区、大事专业队伍协调、难事多部门统筹”为理念，推动居民自治与议事协商互融增效。

用“幸福微实事”诠释人民至上的城市治理理念

——江西省南昌市西湖区朝阳洲街道推动老旧小区提质升级的实践

【背景介绍】

江西省南昌市西湖区朝阳洲街道现有常住人口约4.4万人，地处南昌市新老城区的交汇处，辖区内既包含现代化写字楼、高档住宅楼盘，也包含散落分布的老旧住宅小区。老旧住宅小区普遍存在违章搭建遍地开花、车辆杂乱停放、小区道路坑洼、空中管线交错、消防隐患较大、失盗事件频发的“六难”问题，成为文明创建的难点、城市治理的痛点、群众关注的焦点。针对这些问题，南昌市西湖区审时度势，将朝阳洲街道朝阳小区、南烟小区列入2020年老旧住宅小区综合改造计划，投入约7000万元对小区进行彻底提质升级。

老旧小区改造工作涉及面广、体量大，居民需求不一，如果“一刀切”地由政府大包大揽、统一实施，难以取得良好效果。此前，西湖区也曾投入大量资金陆续对部分开放式小区进行改造提升，但普遍存在“政府自己干、群众旁边看”的现象，群众参与度不够、满意度不高、获得感不强，出现了“政府花了钱、群众不买账”的尴尬局面。如何将老旧小区改造各项措施和经费细化、精准满足居民群众对美好生活的需求，成为摆在街道、社区面前的重要课题。

为此，朝阳洲街道率先采取“居民点菜、政府买单”的老旧小区改造“幸福微实事”方案，将统一认识、统一协商、统一意见的环节前置，问需于民、问计于民、问效于民，让小区居民在改造前就指出问题、提出需求、选出项目，使老旧小区居民真正受益。

【基本做法】

一、坚持党建引领，把合力聚起来

建立党组织统筹协调机制。朝阳洲街道坚持“党建引领、协同参与、共同缔造”的理念，搭建“党支部＋拆违指挥部＋改造项目部”三位一体架构，做到将“支部建在一线上、身份亮在岗位上、党旗飘在阵地上”。建立支部牵总、党员带头、群众参与的工作机制，进一步推动小区“红细胞”直达“家门口”，让居民群众时刻感受来自组织的力量。

发挥党组织战斗堡垒作用。在小区改造工作中，朝阳洲街道把临时党组织建在项目上、党小组建在楼幢里，在征集改造意愿、推进改造进度、后续常态管理全过程中，探索出以社区党组织为核心，以群众需求为导向，以辖区单位、社会组织、物业公司、社区党员和志愿者队伍为服务主体的参与模式。

激发党员干部先锋模范作用。从小区拆违到小区改造，广大党员干部坚持宣讲在一线、奋战在一线。比如，在朝阳小区改造中，街道、社区党员干部充分发挥党组织密切联系群众、党员干部熟悉群众的优势，向他们宣讲政策措施和“幸福微实事”项目征集特点，让惠民政策深入人心；在南烟小区改造中，积极发挥居民老党员志愿者的作用，动员他们争当老旧小区改造工作的参谋员、宣传员、调解员、监督员。

二、坚持问题导向，把问题摆出来

统一思想认识。很多老旧小区居民对社区公共事务工作配合度不高，不利于工作的顺利开展。为赢得居民群众支持，朝阳洲街道从多方入手营造良好氛围。比如，朝阳小区组织 110 余名党员分组陪同社区工作者上门对居民群众宣讲改造意义；社会组织成员利用小区熟人多的特点发动居民积极参与；小区幼儿园举办“共绘小区美好明天”绘画比赛，吸引 100 余户有孩子的小区居民参加，打好了“幸福微实事”工作的第一仗。

全面掌握问题。建于 20 世纪 80 年代的老旧小区，普遍存在配套设施少、基础设施老、生活环境差的问题。为此，朝阳洲街道组织干部通过现场查看、上门了解等方式，全面掌握老旧小区之“痛”。如朝阳小区群众普遍反映屋顶漏水、小区积水等问题；南烟小区居民普遍反映停车位偏少、车辆乱停乱放等问题。收集到该类痛点问题，便于改造过程中“对症下药”。

依法拆除违建。朝阳小区、南烟小区内居民楼一楼存在违章建筑，拆除违章建筑既是居民所盼，又可以腾出更多公共空间用于完善小区公共设施。为此，朝阳洲街道成立宣讲组深入违建户家中，持续向其宣讲政策和改造要求，并联合公安、执法等部门，依法有序拆除违建，还空间于民、还绿化于民。最终顺利拆除 340 余处违章建筑，并顺利实现拆违零上访。

三、坚持人民意愿，把需求说出来

“三上三下”广泛问需于民。针对不同类型小区、不同居民诉求，朝阳洲街道通过“三下三上”的“幸福微实事”小区改造工作步骤，广泛征求居民意见，确定改造重点。第一个“上下”，进行项目收集与项目合并：全面征集居民意见；对征集上来的项目进行整理。第二个“上下”，进行项目推选与项目配额：召开项目推选大会，推出优先项目；对项目进行预算配额。第三个“上下”，进行项目选举与项目施工反馈：由居民投票，确立改造项目；项目施工过程中持续沟通协商，竣工后进行项目总结反馈。如，朝阳小区共有近2000名符合投票条件的居民参与了投票，总投票率达到了70%，选出了38项“幸福微实事”项目，群众普遍反映的行车路面、地下管网、屋顶改造、增设停车位和电动车棚均得到改造。

“五个及时”善于问计于民。及时收集意见，设置意见收集箱，公开联系电话，由专人整理居民群众反馈意见。及时了解民情，由党员代表担任小区改造协商员，带问题上门沟通、带答复回告居民。及时协调三方，牵头定时召开协商会，召集业主单位、施工方、居民代表三方共聚一堂协商。及时处置公开，对居民反馈问题最快当天回复，未能回复的三个工作日内通报一次进度，确实难解决的讲清理由。及时公开释疑，在宣传栏公开施工项目、进度、流程，化解居民因信息了解不全、专业知识欠缺造成的误会。

“幸福圆桌会”全面问效于民。朝阳洲街道率先探索实施“幸福圆桌会”制度，定期组织挂点单位、党员代表、居民代表、业主委员会、物业代表及相关方面人员，每月召开一次“幸福圆桌会”，通过与居民面对面、心贴心地拉家常、听诉求，倾听群众对改造效

西湖区朝阳洲街道“幸福微实事”朝阳小区点票计票大会现场

果的评价，了解群众服务方面的需求。如为解决老年人家中因工作日子女上班做不了饭、因煤气安全情况不敢做饭等用餐难问题，朝阳洲街道积极引进社会组织在金圣社区、绿源社区设立“幸福食堂”，为老年人提供自助餐服务；为了让小学生放学后有辅导休息的地方，朝阳洲街道组织属地学校朝阳小学教师志愿者利用社区邻里中心内场地开办“三点半”课堂，解决了家长的后顾之忧。

四、坚持共管共享，把服务提起来

推动居民自治，小区有人管。朝阳洲街道按照“改造一个小区、成立一个业主委员会、引进一家物业”的模式要求，指导改造后的老旧小区成立业主委员会，并把新田绿洲西区小区的自治经验推广到老旧小区治理中。如，经过多方协商与探索，南烟小区引进新的物业，进行小区日常管理，展现了规范化、整洁化的新面貌。

完善功能配套，文娱有场地。朝阳洲街道在打造金圣社区邻里中心的基础上，创新打造“我家厨房”“我家茶室”“我家书房”等共享场所；同时在邻里中心内设立便民服务中心，根据居民需求引进家政、维修、通信、理发、修补、居家养老等各项生活服务，结合共享厨房系列设施功能，将邻里中心打造成居民的家。

健全服务体系，困难有人帮。在老旧小区大力推行“党群服务365”城市党建服务体系，线上线下开展便民服务。结合党建标准化、信息化、规范化建设和社区办公用房提质升级行动，在各个社区打造党群服务中心，让老年人不出小区就能享受到各类便民服务。依托“党群服务365”“一键通”，为辖区老年人、贫困户提供365日贴心、暖心、舒心上门式服务。

实践证明，朝阳洲街道以“幸福微实事”搭建平台，通过全员参与、全过程参与、全身心参与，变“政府配菜”为“百姓点菜”，极大地激发了居民群众参与的热情，增强了居民的公共精神和责任意识，实现了居民群众参与社区公共事务从旁观者到参与者的转变，为街道和社区进一步探索人人有责、人人尽责、人人享有的基层治理新路径打下了良好的基础，真正诠释了人民至上的社区治理理念。

专家点评

朝阳洲街道以“幸福微实事”为切入点，探索出以社区党组织为核心，以群众需求为导向，以辖区单位、社会组织、物业公司、社区党员和志愿者队伍为服务主体的多方参与模式。这种系统性的工作方法值得我们借鉴：横向上，在老旧小区改造中不仅发挥了党建引领和组织动员的优势，同时调动和发挥了部门联动、社会协同、精准服务的优势，从而形成共建共治共享的强大合力；纵向上，形成了辖区单位、社会组织、社区党员和志愿者队伍的联席会，搭建了项目收集、项目合并、项目推选、项目配额、项目选举、项目施工与反馈全流程体系；系统思维不仅体现在统筹兼顾、综合平衡，从而形成社会治理合力上，还体现在突出重点、带动全局上。

可拓展的方向有两点：其一，如何建立常态化的社区参与体系，以尽可能小的成本维持多方合作的持续性和常态化；其二，进一步提炼党建在社区参与中的优势、特色和具体机制，增强可推广性和可复制性。

“小院议事厅”里奏响城市治理协奏曲

——北京市东城区前门街道草厂社区搭建公共事务议事协商平台的实践

【背景介绍】

草厂社区历史源远流长，是北京城区内唯一一片南北走向的胡同群。近年来，随着城市建设步伐的加快和人民生活水平的不断提高，社区居民的利益和价值观日益多元化，社区公共事务的复杂性和治理难度大大增加。与此同时，居民的权利意识和民主诉求不断增强，服务需求也呈现出个性化和多样化局面。

为更好服务社区居民，构建“老胡同现代生活”的国际一流和谐宜居社区，草厂社区“小院议事厅”在2012年应运而生。议事厅以“议百姓关心事，筑社区智慧家”为主导思想，组织成员共23人，其中理事成员7人，依托“五民”（即民事民提、民事民议、民事民决、民事民办、民事民评）群众工作法指导具体工作的开展，以多方参与、协商共治社区治理新模式助力社区治理迈上新台阶。

草厂社区“小院议事厅”为居民参与社区公共事务搭建了平台，发挥和调动了居民参与社区治理的积极性，居民关心的热点、难点问题均在议事厅商讨，共同研究解决途径和办法。“小院议事厅”的成长发展顺应了创新社会治理的时代大趋势，在社区治理实践中形成了独特的路径和模式。

【基本做法】

一、开展“五民议事”解难题

民事民提——说事。及时收集居民反映的各类急难热点问题。建立民情接待室，听居民说事；社区党委建立“党委书记负责社区、党支部书记负责胡同网格、党小组长负责院落、党员负责居民户”的四级社区民情民意反馈网，社区里发生的大事小情都会在第一时间呈现在“民情晓记”上。社区通过了解社情民意、汇总信息，在实现下情上达的同时收集议事议题。

民事民议——议事。根据辖区内以平房区为主的居住结构，社区积极搭建“小院议事厅”议事平台，方便居民议事。根据“民情晓记”登记的相关问题，结合“小院议事厅”成员收集的议题，定期开展议事活动，对社区内关系居民切身利益的问题进行协商。

民事民决——理事。通过讨论达成共识并制定解决方案。根据“小院议事厅”提出的议题，召开恳谈会，邀请利益相关方参与，通过讨论建言献策，达成共识形成行动举措。

民事民办——晒事。采取居民自治、委托购买和“街道吹哨、部门报到”三种形式为居民办实事。通过居民、社区居委会和街道职能科室、相关单位共同参与、共同谋划、发挥作用。

民事民评——评事。通过居民自评和相关方打分，进行效果评价。积极推进“双述双评”工作，即社区居委会要向街道述职，接受街道的综合评定；要向居民代表及利益相关方述职（参加述职的人员包括社区居委会成员、社区服务站工作人员及其他社区工作者），接受居民的整体评定。通过“邀请居民评事，居民及利益相关方共同构成评估小组对社区工作成效进行评议，并在年底对社区工作业绩进行总体评价，评价结果纳入年度述职考核中”的做法，确保社区工作者为居民办暖心事，提升社区居民满意率。

二、推动居民自治良性互动

满足需求，培育居民意识，激发居民热情。基于居民对营造节日氛围、充分展示自我才艺、丰富文化生活的实际需求，“小院议事厅”通过议事决定每年由居民参与筹办“社区居民春节联欢会”。自 2014 年到 2021 年，已举办五次“社区居民春节联欢会”，连续

草厂社区举办“议路有你　共襄和谐”暨草厂社区小院议事厅总结大会及新成员聘任大会

举办三场“夏日广场文艺汇演”、两届民俗运动会、四届邻里节，每次活动的成功举办都离不开“小院议事厅”的参与。“小院议事厅”的成员们组织居民商议讨论、项目策划、组织实施，进一步提高居民参与社区事务、社区治理的积极性和主动性，激发居民主人翁意识，不断推动“多方参与、协商共治”的基层社会治理，促进了和谐社区的氛围营造。

整合资源，引导多方协商，促进共治共享。“小院议事厅”联合地区平房物业公司、停车管理公司每月举办一次“‘小院议事厅’之我与物业公司面对面”活动，对社区内的规范停车和优质物业服务进行广泛沟通。活动中，物业公司和停车管理公司对居民提出的问题和建议进行详细记录，并在下次活动中逐一回复和解答，同时将近期物业管理公司、停车管理公司相关文件政策及管理预案同居民进行传达交流，及时修订管理制度中存在的问题和薄弱环节，改善了地区物业公司的管理和服务水平。2018年，草厂社区依托“小院议事厅”议事协商平台，充分借助“街道吹哨、部门报道”机制，召集居民、街道及供电局、环保局、房管所等利益相关方，召开针对各种问题的居民恳谈会十余场次，议事协商主题涉及“环境提升”“我的小院·我的家”“文明养犬”“街区更新及院落提升”等诸多方面，商议大小问题并达成共识30余个，有效解决了胡同环境提升、文明养犬、院落环境改善等问题。如“文明养犬恳谈会”，就如何引导并规范居民文明养犬、科学养犬，“小院议事厅”先后召开4场“文明养犬恳谈会”，根据“文明养犬第四次建言献策恳谈会”的讨论成果，孵化成立了草厂社区文明养犬自律会，通过多方协作共同努力探索建设“养犬友好社区”。

在草厂社区推进协商共治过程中，还培育发展了诸多社区社会组织和志愿者队伍，建立了以社区为平台、社会组织为载体、专业社工和社会公益人才队伍为支撑的运行机制，成为社区协商共治的新型参与主体和有生力量。一些辖区单位、产权单位、物业服务企业等也逐渐由被动参与者转变成积极参与者。如，2020 年“小院议事厅”依托北京市妇联“益家行”项目，承接了社区垃圾分类试点工作，成立巾帼志愿服务队，开展主题宣讲、桶前值守、回收兑换、源头分类、总结表彰等活动，形成了一套可复制推广的经验，起到示范引领作用。

立足实际，小问题协商解决，大困难多方参与。一是邻里互助显温情。社区曾有居民不慎摔伤，在家静养需要照顾，但因家人白天上班，午饭都成为问题。“小院议事厅”得知消息后，立刻联系居民小组长通知该居民所在胡同的各家各户，不少邻居很快就自发地为受伤的居民订餐送饭。二是积极沟通保民生。胡同整治提升过程中，地区公厕实施“厕所革命”，因胡同内老人较多，改造施工给居民带来诸多不便。议事厅得知后，联合社区积极联系施工单位进行沟通协调，施工方将施工方案改为分步实施，最大限度保障居民正常生活。三是多方参与解难题。2017 年 12 月，社区进行燃气改电工程，如何改、怎么改、改成什么样等问题成为大家共同关心的话题。“小院议事厅”经过收集整理居民意见建议和诉求，就燃气切改问题进行多轮专题讨论商议，最终形成燃气切改居民议题报告并递交社区党委，再由社区党委向街道汇报。3 个多月后，燃气切改工作顺利完成。

三、提升城市精细化治理能力

草厂社区搭建“小院议事厅”议事协商平台，积极探索“多方参与、协商共治”社区治理模式，有效解决了邻里关系淡漠、院落环境较差等问题，提升了社区居民主人翁意识，为社会治理创新积累了丰富的有益经验，促进了居民自治与城市精细化治理的有效结合，极大地增强了社区居民的获得感、幸福感、安全感，有力推动“草厂一家亲”社区治理品牌创建工作。

同时，社区以“美丽院落”建设项目为契机，从社会治理角度开展社会动员，鼓励公众参与，运用议事协商研讨制定大江社区、草厂社区 9 个院落的院落公约，在硬件设施提升的同时，通过院落公约为维护好小院环境共同努力。

“小院议事厅”作为 2020 年东城区 9 个社区议事协商厅示范点建设项目之一，通过议事协商、统筹策划、文案撰写、垃圾分类 4 次专题培训，进一步提升了议事厅成员议事协商的理论水平；抗疫书画展、“小院议事厅”LOGO 设计大赛、垃圾分类主题实践月和草厂社区十大特色院落评比等多项活动的成功举办，充分调动了社区居民参与社区治理的积极性，推进基层多方参与、议事协商，营造共建、共治、共享氛围，引领社区由管理向服务、由管理向治理的深层次转变。

专家点评

社区协商是社区治理和居民自治的重要内容、有效途径。如何推进社区协商不断发展，是新时代加强基层治理的一项重要任务。

在这方面，北京市东城区前门街道草厂社区探索建立“小院议事厅”的做法为我们提供了启发性思路和有益经验。其一，搭建居民群众能够广泛参与的协商平台，是推进社区协商向广度和深度发展的重要载体。草厂社区的“小院议事厅”就是这一载体的具体表现。其二，要想保证社区协商能够取得实际成效，就应该把涉及居民群众切身利益的公共性问题作为社区协商的重点内容。草厂社区围绕解决便民服务设施设置改造、街巷环境提升等民生问题开展社区协商的生动实践表明了这一点。其三，只有在基层党组织的领导下，充分依靠居民群众有序协商，才能促进社区协商规范化良性运行。

草厂社区结合自身实际探索形成的“民事民提—说事、民事民议—议事、民事民决—理事、民事民办—晒事、民事民评—评事”的“五民议事”模式，既体现了充分依靠居民群众，又保证了社区协商有序进行，能够增强社区居民的归属感和主人翁意识，提高社区治理服务精准化精细化水平，值得肯定和借鉴。

微治理架起“连心桥” 推动“陌邻”变“睦邻”

——山西省太原市万柏林区长风西街街道地矿社区推动老旧小区居民自治工作的实践探索

【背景介绍】

近年来，随着新型城镇化建设快速推进，人口流动速度和老龄化程度日趋加剧。位于山西省太原市万柏林区长风西街街道的地矿社区就是面临这两类问题的混合型社区。截至 2021 年 8 月，地矿社区有 5400 余户居民，生活在 10 个住宅小区。其中 7 个是单位型老旧居民小区，1 个是无物业管理小区，2 个是新建小区。地矿社区老旧小区的部分居民将原有住房转卖或出租，使居住人群发生变化，加之新建小区居民大多来自太原各区和外省市县区，彼此联系紧密度不高，居民需求服务呈现多元化。

为此，地矿社区坚持党建引领，用“凝聚党心、服务群众”的理念，不断推动居民自治工作的开展。社区运用家庭公约，开展“三百服务”（帮扶一百个家庭、举办一百场公益讲座、开展一百场读书活动），以守好家风建设之根，涵养居民传承文化之心。同时，以邻里互助搭起最长“连心桥”，通过建设一支结构合理、素质优良的志愿者队伍，培育社区社团组织，实现邻里互助、抱团养老，让夕阳红变得更加温暖。社区还建立各类便民平台，培育特色社区文化，绘制同心圆，激发社区共治新活力。为营造民主和谐氛围，社区促进居民协商共治，将涉及居民利益信息公开，化解社区大事小情。这些举措充分发挥基层群众自治的积极作用，激发更多主体参与社区治理，用微治理架起了居民“连心桥”，使“陌邻”变“睦邻”。

【基本做法】

一、守好家风建设之根，涵养居民传承文化之心

地矿社区秉承“抓党建促家建、正家风助党风”的理念，以家风文化为切入点，全面推进基层党建与社区家风文化的有机融合，聚焦社区微治理。

发挥党员先锋模范作用。一是凝聚党员力量，让党员收集听取群众的意见，同时传达社区事务的处理办法和相应举措，使居民了解社区工作和党员的基层工作，培养社区居民监督社区工作的意识。二是以党员为先锋，开展帮扶一百个家庭、举办一百场公益讲座、开展一百场读书活动。在党组织带领下发动党员群体带头参与，将社会主义核心价值观渗透进社区活动中，吸引更多的社区居民参与社区建设治理。

实施公民道德建设工程。积极弘扬社会主义核心价值观，通过挖掘和利用社区内外的文化、教育资源，提升居民综合素养。地矿社区通过评选“百户文明家庭”，营造出家风好、民风淳的良好氛围，助力文明创城和老旧小区改造。文明家庭评选活动为老旧小区改造和创城的推进奠定了坚实的群众基础。面对太锅宿舍百余户违

建房、千余平方米菜地乱象等问题，社区工作者走进居民、深入群众，以挖掘家风故事为切入点，得到居民的大力支持。

丰富社区精神文化。一是大力发掘本地特色文化。地矿社区是一个老工业区，退休的老工人有着浓烈的爱党爱国情怀。社区“两委”充分发挥居民的积极性，通过挖掘居民骨干，讲述老工业区故事，传承艰苦奋斗、克勤克俭、互帮互助等文化精神，使当地居民对地区文化更有认同感。二是结合当地实际情况创新文化活动形式，以群众方便易懂的方式进行组织，降低参与门槛，提高居民参与度和参与热情。三是组建志愿服务队，凝聚互助精神，增强社会治理能力。地矿社区与太锅集团召开联席会议，民主推选出 48 名楼单元长组成志愿服务队。在家风文化的影响和单元长的带动下，居民积极配合，主动清理自家违建。对于个别坚持不拆的居民，通过道德讲堂、家庭公约辅导、邻里互助等形式劝导，治理成效显著，形成“人人爱护环境、共建美丽家园”的良好氛围。

二、邻里互助搭起最长“连心桥”，抱团养老温暖最美夕阳红

重塑社区凝聚力。地矿社区坚持党建引领，以居民喜闻乐见的文化活动为切入点，将文化活动与社区治理有机融合，以志愿团队的形式架起邻里沟通的“连心桥”。面对老龄化的趋势，地矿社区探索抱团养老新模式，邻里互助组就是这样一个团队。10 余年间，她们互帮互助、相互支持，无怨无悔帮助患病邻居，由陌生到熟悉，由邻居变姐妹，成为邻里互助的佳话。

坚持社区治理的人文关怀。社区治理的关键在邻里互助，邻里的人文关怀让社区成为一个连起你我他的大家庭。十几年前，地矿

小区一位大姐不幸身患尿毒症，沉重的打击使她一蹶不振。其后，5位老年志愿者10余年坚持每天轮流陪伴照顾，使她终于重拾了对生活的信心。

加强社区群众团队组织建设。加强群众团队组织建设，孵化培育社区社会组织。社区引导居民成立有关居民利益诉求、协商讨论、决策建议等方面的社团，服务于社区建设。同时，提高群众团队组织管理人员的专业水平，对群众团队管理人员进行定期专业培训，提高群众团队组织管理水平、财务管理技能和社会服务意识。由群众团队组织参与组织居民议事，鼓励居民积极主动参与社区治理。地矿社区居民自发组建地矿社区老年红歌合唱团，带领平均年龄80岁的老年人老有所学、老有所乐。

地矿社区老年红歌合唱团成员在社区组织活动

三、再绘社区文化同心圆，激发社区共治新活力

建立各类便民平台。2006 年 2 月，社区成立了科普大学。2013 年6月，建成占地面积960平方米的综合文化服务中心。2018年9月，社区引进了社会组织——青创老年大学，开设声乐、写意画、瑜伽、舞蹈等 10 个培训班。截至 2021 年 7 月，累计服务学员 2000 余人。

培育社区文化。在社区文化建设实践过程中，社区以居民的自我创造活动为本，形成以爱好凝结起来的社区文化团体。如地矿社区的翰墨书画社是由年过八旬的一位老人创办的，社区许多老年人都参与到翰墨书画社队伍中。社区数年解决不了的一些家庭矛盾、邻里纠纷等问题，在翰墨书画社的影响下，打开了突破口。

四、化解社区“大事小情”，共营民主和谐氛围

促进居民协商自治。地矿社区在推动社区治理过程中，与居民的互动沟通更加频繁。通过收集舆情，协调冲突与矛盾，整合群众诉求，实现与居民之间的有效沟通，保障居民的表达权和参与权，使居民能够以民主协商的方式参与到社区决策过程中。逸宸新境界小区由于物业退出，2019 年 7 月成为无物业管理小区。地矿社区定期召开业主议事协商会，发挥居民自治能力，协商解决了居民房顶漏水、追缴商铺偷用水电 5 万余元事宜。

促进涉及居民利益信息公开。社区及时对社区财务、居民拆迁款补偿等进行公示和通知，使居民有知情权、发言权，更加积极地反馈诉求，一方面使居民看到社区工作人员的工作成果；另一方面使居民更加充分地了解社区事务、社区工作，增加对社区的认同感。

地矿社区通过微治理架起“连心桥”，使“陌邻”变“睦邻”。通过不断推动家风建设、邻里互助、厚植文化等，充分发挥涵养道德、润泽心灵的德治作用，使居民群众参与社区治理、共建文明和谐社区的积极性明显提高，不断推动营造良好社区风尚、维护社区和谐安定。

专家点评

长风西街街道地矿社区的特色在于，通过微治理架起“连心桥”，以党建引领探索社区治理新模式，充分发挥基层群众自治的积极作用。

该社区的“微治理”机制如下：一是“抓党建促家建，正家风助党风”。通过“百户文明家庭”评选等活动推进基层党建与社区家风文化的有机融合。二是推动建立志愿服务机制。地矿社区通过探索抱团养老新模式、将文化活动融入社会治理的板块等，积极将党建引领与文化活动相融合。三是推动建立民主协商、社会协同机制。地矿社区充分发挥民主协商机制，通过定期召开业主议事协商会，积极与业主协商社区治理问题，激发业主自我管理意识。

随着城镇化的快速推进，老旧小区转型已经成为普遍性的治理难题。需要进一步考虑的是，老旧小区为社区治理工作带来了哪些挑战？为了应对这些挑战，社区需要采取哪些更具针对性的措施？

推进基层法治和德治建设

“三社联动”打造社区治理共同体

——江苏省南京市雨花台区打造多方共建共治共享社区复合治理新生态

【背景介绍】

江苏省南京市雨花台区地处南京主城西南部，全区面积134.6平方千米，常住人口43.63万人，辖“一谷”（中国南京软件谷）、1个园区管委会和7个街道办事处，共64个社区居民委员会。2014年，雨花台区被民政部确定为全国社区治理和服务创新实验区，2016年底顺利通过国家验收。同时，雨花台区也面临一些困难与挑战：社区回归自治本位、发挥应有的职责作用等问题亟待探索和解决；社会工作的发展规模、社区工作者专业素养尚未完全适应全区经济社会快速发展的新形势新要求，社区工作者运用社会工作专业理论方法推进工作的实践能力尚需提升；社区社会组织深入参与社区治理和服务创新的能力还有待提升。

为应对新时代基层治理面临的新情况、新问题和新要求，2018至2019年，雨花台区以“创新四聚式‘三社联动’路径，打造共建共治共享社区治理新格局”为实验主题，再度申报并获批全国社区治理和服务创新实验区，围绕聚焦平台、聚焦需求、聚焦协同、聚焦治理，探索“三社联动”机制创新。所谓“三社联动”，是指在社区治理工作中，通过社区、社会组织和专业社会工作者的联动，形成资源共享、优势互补、相互促进的良好局面。通过创新四聚式“三社联动”路径，打造具有雨花台区特色的共建共治共享社区治理新格局，建设社区治理共同体。

【基本做法】

一、聚焦平台，优化“三社联动”生态系统

高起点谋划“三社联动”政策制度平台。坚持党委领导、政府负责、社会协同、公众参与、法治保障，区级层面制定出台系列配套文件，为党建引领“三社联动”提出规范的实施意见。统筹推进区域化党建、社会组织党建和社区党建，发挥基层党组织的领导作用，积极调动各类资源参与社区治理与服务创新，做实做强党建引领下的“三社联动”机制建设。结合开展“不忘初心、牢记使命”主题教育和党史学习教育，厘清区政府、街道和社区的权责边界，破解“万能居民委员会”难题，推动社区居民自治和服务功能回归本位。

高标准建设“三社联动”载体设施平台。区财政每年安排专项资金 6000 万元，其中，2000 万元为社区建设专项资金，2000 万元为养老服务扶持资金，2000 万元为民服务专项资金。区、街两级社会组织服务中心建设实现全覆盖，其中，区中心实现从社会组织孵化培育向社会组织综合服务转型，8 个街道级中心全面引入枢纽型、专业型社会组织运作。高水平建设社区党群服务中心，全区所有社区办公服务用房面积均不低于 1000 平方米，达到每百户 30 平方米的标准。

高定位优化“三社联动”资源整合平台。建立政府采购服务项目平台，着力推动“三社联动”资源整合。进一步厘清“三社联动”的主体职责，明确社区居民委员会在“三社联动”中需求发现、服务统筹、项目监管以及阵地提供、资金资源支持等职责，并建立“三社”联席会议制度。着力优化基层队伍结构，加强社区“两委”负责人梯队建设，提升社区专职工作人员能力，推动“三社”精准高效联动。

二、聚焦需求，提升“三社联动”精准服务

建立健全需求发现筛选反馈机制。一是建立社区需求发现机制。以社区居民需求为出发点，以社区“三社”联席会议为载体，统筹协调网格化管理、民情大走访、“12345”工单、掌上社区 App 等各类渠道和方式，全面发现和梳理民生需求，报送至街道级平台中心。二是建立需求筛选优化机制。由区中心组织成立专家组，对各街道级中心上报的服务需求清单进行筛选确定，作为每年项目资助依据。三是多元化指导健全需求反馈机制。由区民政局牵头，将筛选确定的相关需求反馈给相关部门、街道、社区，作为其政府采购服务项目的参考依据，促进相关社会政策的完善。

统筹设计和开发培育服务项目。全面梳理、修订完善政府转移职能目录，按照“对象要准、需求要清、服务要实、目标要明”的要求，区部门、街道（园区）、社区居民委员会、社区社会组织多方统筹设计项目指引清单。依托区中心和各街道级中心，建立项目库和专家库以及孵化培育基地，将孵化培育的重点转型为项目孵化、项目开发、项目培育。通过线上线下相结合的方式，及时掌握项目动态，同步做好服务项目的开发、培育、评估。

建立“三社”精准服务考核体系。围绕进一步完善全区养老服务体系、青少年服务体系、社会救助服务体系、特殊人群干预服务体系和社区居民自治服务等，支持“三社”开展精准服务。探索组织化参与、协商化议事、精细化服务为内容的具体实施路径。指导社区居民委员会加强对其购买的社会服务项目评估和监管，制定以群众满意度测评为主的社区工作者绩效考核、社会服务机构和“三社联动”项目以及社工领军人才、督导人才评价考核实施办法，不断完善“三社联动”有效实现机制。

三、聚焦协同，创新“三社联动”机制建设

党建引领“三社联动”互融发展。建立“一委一园一中心”社会组织党建服务模式体系：“一委”指区社会组织党委；“一园”指党委的主要活动阵地，即雨花公益众创空间；“一中心”指众创空间的党建服务中心。强化党组织对社会组织发展的政治引领，实现社会组织和党组织同步孵化。推动社会组织与社区、驻区企业“双共建”，搭建资源共享、凝聚力量的平台。着力创建基层服务型党组织，在社会组织加速发展过程中，促进党组织服务水平提升。建立健全社会组织党建“五同步”工作机制，即社会组织与党组织同步培育组建、同步登记承诺、同步年检述职、同步评估评议、同步换届调整，强化党建“红色导航”力量，引领社会组织发展全过程。

量质同步推动专业提升。实施专业化、规范化、信息化、品牌化的社区社会组织“四化”提升行动，建成立体化社区社会组织扶持培育和规范监管体系。构建“社工一线人才—社工科教人才—社工管理人才—社工领军人才”的四级人才梯队建设，加强社工专业能力提升培训力度，增强其为民服务的能力；每年开展“最美社工”

雨花台区举办“守初心　担使命——功勋·印象篆刻展”

评选、社工人才培训，提升辖区社会工作从业人员的专业认同和专业能力，促进专业社工和社会组织人才队伍的成长；重点培育扶持专业社工机构，加强与省内重点高校的项目合作，推进社会工作理论和实务的发展。

创新“三社联动”机制路径。明确“三社”职责关系，发挥社会组织的载体与衔接作用，进一步发挥社工人才的专业优势。结合推进街道社工站建设，建立健全“三社联动”服务运作机制。整合各部门下沉社区的资源，通过组织“项目对接会”“项目路演大赛”“居民提案大赛”等，促进社区社会组织落地，高效承接公益服务项目。

四、聚焦治理，提升“三社联动”效能效应

强化社区工作队伍。出台雨花台区社区工作者管理办法等文件，

将社区“两委”成员、社区专职网格员统一纳入社区工作者范畴统一管理，配齐配强社区工作专业人才。加强社区工作者专业能力培训，增强其推进“三社联动”工作的能力素质。指导各社区制定社区社会组织备案管理办法，每个社区培育发展不少于15个社区社会组织，其中50%以上社区社会组织拥有项目申报实施管理能力。

搭建统一规范的民主议事协商平台。根据社区的不同特质和资源禀赋，探索“622社区议事协商工作法”，即60%以上的社区公共事务和服务由社区议事协商解决，20%以上由社会组织提供个性化专业服务解决，20%以下通过转介和其他途径解决。引导和支持社区制定科学适用的社区议事协商规则，帮助居民群众养成协商意识，掌握协商方法，提高协商能力。推进“线上协商”新模式，通过在线沟通等方式，吸纳社会组织等各种主体广泛开展线上民主议事协商，提升社区居民自治效率和水平。

精品社区建设推动居民参与社区治理。制订雨花台区精品社区建设与评价指南，开展社区“微项目”“金点子”等微基金项目，并按照5A、4A、3A三个等级，每年组织实施精品社区申报、评估、验收，整合社区资源，激发社区居民参与社区治理的积极性和活力。雨花台区每年支持居民开展的微基金项目达200余项，推动形成了雨花街道“党建+文化”治理体系、西善桥保障房片区系统集成治理等一批产生广泛社会影响的典型样本。

专家点评

“三社联动”强调通过推动社区、社会组织、专业社会工作者三者调配整合与协同发展，进而营造出多方共建共治共享的社区复合治理新生态。就其本质而言，“三社联动”的关键在于构建基层多方力量“联”与“动”的关系格局。

南京市雨花台区创新探索出的四聚式“三社联动”模式以整区统筹为基础，聚焦社区治理服务中的平台搭建、对接需求、协同优化与治理提升四个环节，不仅有效地破解了社区治理服务中力量薄弱、主体缺位、联结松散等系列现实问题，同时还探索完善了系统性、合理化的社区联动式治理架构与模式。在联动治理服务实践过程中，一方面积极推动社区内部原有组织、文化和制度等本土化要素的深度嵌合；另一方面则调配协同政府、市场和社会不同方面力量，将社会组织、社会工作者、社区志愿者等社会力量广泛动员并整合到社区之中，进而拓展了社区的多维空间、丰富了联动的社会性。应该指出，雨花台区“三社联动”经验的核心在于推动了社区的归位、赋权、激活与增能，其社区主体性思维和开放联动式路径具有启发借鉴意义。

推进居民公约微治理

——河南省许昌市魏都区创建社区治理精细化机制的实践

【背景介绍】

河南省许昌市魏都区地处中原腹地，全区面积97平方千米，人口50.2万人，辖13个街道办事处，共88个社区，城镇化率达95.07%。一段时间以来，魏都区的居民自治存在一个突出的问题——“有公约没治理”，即现有的居民公约没有发挥有效的治理效力。

针对这一问题，魏都区抓住创建全国社区治理和服务创新实验区的契机，围绕“微公约治理：社区治理精细化机制创新”实验主题，聚焦解决社区居民操心事、烦心事、揪心事，实施党建引领居民广泛参与的微公约治理行动计划。魏都区通过探索“一盘棋”全区统筹、“一主题”创新突破、“一张网”资源联动的领导保障机制，切实发挥政策创新的引导力、资金资源下沉的拉动力和专家团队的推动力，将实践经验机制化和闭环化。

在党委和政府的领导下，魏都区以微公约治理为突破口，重点建立居民参与机制，增强居民自治能力，推进社区协商，补齐社区治理短板。围绕居民公约，以问题为导向、以团队为载体、以项目为抓手、以资源为保障、以人才为支撑，把居民组织起来，把居民的参与激情调动起来，逐步让公约内化为居民的道德情感，外化为服务社区的自觉行动，使居民能够自我约束、自我管理、自我服务，力争形成自治、法治、德治相结合的治理格局。

【基本做法】

一、建立居民公约治理指标体系，形成成果清单

为衡量公约治理成果，魏都区采取参与式绩效评估方法，按照过程目标和结果目标相统一、刚性指标和引导性指标相统一的原则制定了公约治理指标体系。

按照“一条主线、两个视角、三级指标”的原则确立指标框架。围绕公约治理这条主线，兼顾基础视角与发展视角，既夯实基础指标，更注重发展指标，做到刚性要求与方向引领相结合；分别设立 1 个一级指标、7 个二级指标、15 个三级指标，用来评估微公约治理行动的效能，做到各级指标各有侧重又相互衔接。邀请第三方专业机构深入开展调查，组织和引导政府、社区居民委员会、社区社会组织、居民等利益相关方讨论公约治理的成效、问题以及建议，并从中分类提炼指标。按照通用性和单一性的原则整理、合并指标；按照有效性和可行性的原则筛选、确定指标，最终结合国家和地方政策以及实际调查的内容编制完整的指标体系，并配以指标解读；同时积极征求社区治理领域权威专家学者、党政职能部门等的意见和建议。

魏都区以 50 个城市社区作为成果清单采集对象，利用开放空间会议，引导社区采集成果数据，绘制社区治理创新成果清单。一是社区微公约清单，评估微公约的种类和数量；二是社区问题解决

清单，评估微公约治理行动目的实现状况；三是社区公益项目清单，评估微公约治理行动项目落地情况；四是社区社会组织培育清单，评估微公约治理行动中居民自治状况；五是社区积分兑换清单，评估微公约治理行动中居民激励状况；六是社区资源整合清单，评估微公约治理行动中资源支撑状况；七是社会反响清单，评估微公约治理行动的社会反响度。

二、制定公约建立、执行和落地机制

以解决居民切身利益问题为源头治理的逻辑起点，魏都区通过多种制度化流程使微公约运转起来，有效培育社区内生力量，整合社区内生资源，打造社区内生秩序，形成了5种不同类型的微公约治理行动闭环机制。

以延中社区为代表的“老旧小区改造+楼道治理”微公约治理行动闭环机制。老旧小区改造和楼道治理微公约治理行动的闭环机制是政府、社区、居民合作改造小区的一种有效机制。2019年3月至2021年6月，延中社区针对老旧小区楼道无防盗门、居民被盗问题频发以及居民乱搭乱建、乱停乱放、绿地种菜等难点痛点问题，以安装楼道防盗门为小区治理切入点，引导居民参与老旧小区改造。社区引导居民制定楼道自管、文明养犬等3个微公约，开展了3个公益创投项目，组建了由180余名成员构成的3支服务团队，吸引了280余人次居民参与，共清理小菜园60余处，拆除违章建筑22处，清理楼道垃圾600余次，清理小广告1230余处，解决乱停乱放100余次。

以八一社区为代表的编外家庭医生志愿服务微公约治理行动闭环机制。编外家庭医生志愿服务微公约治理行动闭环机制是盘活社

魏都区延中社区形成居民自治微公约

区闲置的医疗服务资源、满足居民医疗服务需求、促进社区志愿服务专业化的有效机制。2019 年 3 月至 2021 年 6 月，为满足居民对用药指导、健康养生知识、交流互动的需要，八一社区实施了 2 个公益创投项目，组建了由 75 名成员构成的 2 支志愿服务队伍，订立家庭医生志愿者服务公约、家庭医生志愿者行为公约。团队围绕公约每月开展 1 次医疗志愿服务，共开展 25 次行动，吸引 510 余人次居民参与，为近 100 名孤寡独居老人、慢性病患者、低保户提供公益医疗服务。

以三八社区为代表的“爱心快剪”微公约治理行动闭环机制。“爱心快剪”微公约治理行动闭环机制是社区挖掘民间能人、弥补市场不足、满足居民个性化需求的有效机制。2019 年 3 月至 2021 年 6 月，三八社区针对行动不便老人理发难和低收入家庭因缺钱难理发的问题，实施了 3 个社区公益创投项目，组建了由 170 余名成员构成的 5 支服务队伍，制订理发志愿服务公约和志愿者团队成员行为公约，共开展 31 次服务行动，吸引 840 余人次居民参与，为 500 多名低收入家庭和行动不便的老人提供理发服务。

以灞陵社区为代表的多方协作扶贫帮困微公约治理行动闭环机制。多方协作扶贫帮困微公约治理行动闭环机制是充分发挥辖区单位资源参与社区治理的有效机制。2019 年 3 月至 2021 年 6 月，灞陵社区针对失独家庭情感孤独、辖区单位参与不足等问题，实施了 2 个公益创投项目，组建了由 40 余名成员构成的 2 支服务队伍，制定了 2 个微公约，开展了近 20 次服务行动，吸引 280 余人次居民参与。

以七一社区为代表的共享园艺微公约治理行动闭环机制。共享园艺微公约治理行动闭环机制是促进共享资源、共享快乐的一种互助式养老机制。2019 年 3 月至 2021 年 6 月，七一社区针对社区花木无人管理、老年人情感孤独等问题，实施了 3 个公益创投项目，组建了由 60 余名成员构成的 3 支服务队伍，制定了花艺共享微公约，开展了 50 余次服务行动，吸引 330 余人次居民参与。

三、用好居民公约推进社区协商

魏都区通过开放空间会议形式，以实用好记为准绳，引导居民围绕楼道卫生、公共空间使用等问题制定公约，培养居民公民意识，确保公约接地气。以延中社区为例，该社区针对老旧小区改造过程中的难点痛点问题，推进微公约治理行动，实施老旧小区综合改造提升，在有效解决楼道环境脏乱差问题的同时，提升了社区居民、物业公司等多方的协商意识和协商能力，营造了有事好商量、有事多商量的良好氛围。

一是进行三方协商。社区通过张贴改造倡议书、发放意见表等方式征求业主意见，社区“两委”组织业主委员会、物业公司协商改造事宜，达成改造共识。社区“两委”向政府提交申请报告，纳入魏都区首批老旧小区改造项目。

二是组建微组织。社区“两委”将愿意参与老旧小区改造工作的各方组织起来，建立“安全之门”众筹小分队，成员包括社区工作人员、业委会、物业服务公司、业主等。

三是自筹资金。解决居民自筹资金问题，是老旧小区改造必须迈过的一道坎。延中社区老旧小区改造采取资金分摊的策略，由政府出资80%，居民自筹20%。“安全之门”众筹小分队与广大居民协商，将拆除违章建筑后的空地改建成车位，用租金支付20%的自筹金。

四是建立微公约，维持楼道自管秩序。为做好改造后楼道的长效管理，社区“两委”引导业委会、居民协商制定楼道自管公约、楼道防盗门养护公约、文明养犬公约，实行楼道事务分流管理。业委会成员分别担任各楼道管理员，负责楼道钥匙分配，监督随手关闭防盗门；邻里互助事务由楼栋长负责，组织本楼道居民开展邻里互助；邻里纠纷事务由社区居民委员会负责，及时调解邻里纠纷。

专家点评

《中共中央　国务院关于加强基层治理体系和治理能力现代化建设的意见》提出，要建立自治、法治、德治相结合的基层治理体系。

河南省许昌市魏都区以居民协商建构社区公约，将法治规范与道德规则以公意形式贯通，完善公约执行与保障机制，在实践层面凝聚基层共识，推动社区治理的精细化、制度化与规范化建设，助推“三治”融合。其借鉴价值在于：一是居民公约治理指标体系为建构社区良好秩序提供了法治支撑。二是对居民开展自我管理、自我教育、自我服务、自我监督的具体事项进行规范，使工作有目标、措施有落实、考核有标准。

建立共驻单位责任评价体系
共享社区治理成果

——四川省邛崃市建立驻社区机关企事业单位履行社区治理责任评价体系的实践探索

【背景介绍】

邛崃市隶属四川省成都市，距成都市区 65 千米，面积 1377 平方千米，辖 14 个街道（镇），人口约 66 万人。邛崃市现有 189 个社区（村），截至 2020 年 12 月底，全市有机关企事业单位 5100 余个，其中 2700 余个机关企事业单位位于城市社区。

机关企事业单位是社区治理的重要力量。《中共中央　国务院关于加强和完善城乡社区治理的意见》提出，“建立机关企事业单位履行社区治理责任评价体系，推动机关企事业单位积极参与城乡社区服务、环境治理、社区治安综合治理等活动”。但长期以来，邛崃市机关企事业单位和社区来往较少，参与社区治理的积极性和主动性不高，参与意识和动力不强，即使参与社区公共事务，也主要是以动员式、执行性参与为主，参与的内容多为活动类、培训类，形式也较为单一，阻碍了驻社区机关企事业单位与社区的互利共赢和良性互动。

2019 年 3 月，邛崃市被民政部认定为全国社区治理和服务创新实验区，为有效解决驻社区机关企事业单位参与社区治理动力不强、渠道不畅、深度不够、活力不足等问题，邛崃市以“建立驻社区机关企事业单位履行社区治理责任评价体系”为实验主题，探索建立驻社区机关企事业单位履行社区治理责任清单、考核评价及结果运用机制，在临邛街道、文君街道等26个城市社区开展试点，创新形成了以“居民点单—单位备单—社区拼单—团队履单—社区党组织评单—分类兑单”为主线的驻社区机关企事业单位履行社区治理责任的闭环式联单机制，助推驻社区机关企事业单位在融入社区治理中有效履责、社区在驻社区机关企事业单位融入中实现增能。

【基本做法】

一、居民点单，摸清社区问题与需求

开展问题与需求调查活动。通过入户走访、召开座谈会与坝坝会、发放调查问卷等方式，摸清社区、驻社区机关企事业单位、社区居民的基础信息。

建立社区问题清单。设置社区“问需市集”，围绕社会治安、交通出行、环境治理、便民服务等方面存在的突出问题，收集梳理驻社区机关企事业单位能协调解决的问题，每季度动态更新社区问题清单。2019年3月至2021年6月，共收集包括共享单车乱停乱放、老旧院落电线私拉乱接等社区问题110余个。

建立社区需求清单。根据社区居民对改善社区生产生活、环境和服务等方面的需求，收集梳理驻社区机关企事业单位能提供的资源和服务，每季度动态更新社区需求清单。2019年3月至2021年6月，

共收集包括增加老年人活动场所、提供免费法律服务等社区需求130余个。

二、单位备单，梳理资源存量

驻社区机关企事业单位主动对接社区问题清单与需求清单，立足单位实际，深入梳理单位可提供、可匹配的有效资源，动态建立设施资源开放、公共服务参与、公益事业建设等3个方面的资源共享清单。

设施资源开放清单，主要包括驻社区机关企事业单位文体设施、活动场地等硬件资源，着重从资源类别、资源内容、开放条件和要求等方面梳理建立。截至2021年6月，全市共开放停车场、会议室、篮球场等设施240余个。

公共服务参与清单，主要包括驻社区机关企事业单位政策宣讲、信息咨询、技术服务等软件资源，着重从资源内容、参与条件和要求等方面梳理建立。截至2021年6月，全市共建立惠民政策宣讲、医疗服务等公共服务参与事项650余个。

公益事业建设清单，主要包括困难群众救助、公共设施建设等需要驻社区机关企事业单位提供的人、财、物等综合资源，着重从资源内容、参与条件和要求等方面梳理建立。截至2021年6月，共建立慰问社区困难群众、与社区联办运动会、留灯书屋、老旧院落安装电梯等公益事业建设项目160余个。

三、社区拼单，实现供需精准对接

社区统筹驻社区机关企事业单位资源，引导驻社区机关企事业单位参与社区拼单，形成服务供给清单。

打造区域党建联盟。组建精准联结社区与驻社区机关企事业单位的区域化综合党委26个，推荐78名驻区机关企事业单位代表担任兼职委员，建立党建引领驻社区机关企事业单位与社区协商共建组织体系。

加强民主动态协商。通过“按需召集、约请议事、跟踪监事”等程序，加强社区同驻社区机关企事业单位的民主协商，将2张问题需求清单与3张资源共享清单进行精准对接，形成设施资源开放、公共服务参与、公益事业建设等3个项目类别的公益服务项目清单。

签订项目共建协议。开展社区、驻社区机关企事业单位共建集中攻坚，统筹区域党建资源，签订共建协议280余份，明确共建时间、共建内容、共建责任，构建区域统筹、资源整合、优势互补、共建共享的区域化党建共同体。

四、团队履单，高效落实治理责任

积极开展以硬件资源为主的设施共享行动，以软件资源为主的服务供给行动，以人、财、物等综合资源为服务支持的公益共建行动。

培育社区社会组织。结合驻社区机关企事业单位提供的资源和服务，通过建立公共设施维护队、新冠肺炎疫情防控志愿队、商居联盟志愿队等社区社会组织，促进居民组织化参与社区治理。

建立社区微公约。由驻社区机关企事业单位和社区共同协商，对项目实施差异化管理，明确共享时间、职能职责、共享方式等内容，确保居民能够方便使用。

邛崃市文昌宫社区联合机关企事业单位开展共享冰箱活动

五、社区党组织评单，评议履责实效

建立考核体系。明确机关单位、事业单位、国有企业、非公企业 4 类履责主体，将民主协商、资源共享、公益行动、品牌效应作为 4 项考评内容，分类建立评价标准，解决驻社区机关企事业单位履行什么责任、如何履行责任、如何评价履责绩效等问题。

组织居民参与评价。由社区党组织组织社区楼栋长、单元长、小组长和居民代表等召开满意度调查座谈会，对驻社区机关企事业单位履行社区治理责任情况进行打分和评价，提高履责成效。

强化目标督查。制定《邛崃市建设全国社区治理和服务创新实验区目标考评细则》，通过考核进一步引导驻社区机关企事业单位主动与社区对接，激发驻社区机关企事业单位履行社区治理责任的积极性和主动性。

六、分类兑单，构建激励机制

社区对居民志愿者开展积分兑换。完善志愿者回馈制度，将居民志愿者参与社区公益服务项目情况量化为积分，引导志愿者根据自身需要使用积分兑换物品、服务等，激励志愿者可持续参与。

市委、市政府对驻社区机关企事业单位履责目标考核结果进行奖惩。出台《邛崃市机关企事业单位履行社区治理责任结果运用办法》，针对机关单位、事业单位、国有企业、非公企业等4类主体，在党的建设、干部选拔任用、人才培养、“一对一”联络服务、评优评先、提能扩产等方面给予分类支持或倾斜。如文君街道东南社区对履责情况较好的17家机关企事业单位颁发优秀共建单位等证书。

邛崃市创新建立的驻社区机关企事业单位履行社区治理责任闭环式联单机制，以清单方式在社区、驻社区机关企事业单位、社区居民之间明晰了服务需求、服务资源、服务责任，有效实现了主体联结、资源共享、功能融合、责任分摊，构建起了多方协作治理的“邛崃模式”。2019年3月至2021年6月，社区为居民共解决9大类102项具体问题，涉及为老服务、助残服务、青少年服务、妇女服务等，涵盖如老年人情感孤独、残疾人日常生活照料不足、社区停车位不足、居民法律意识淡薄、新冠肺炎疫情期间居民生活不便等方面内容。通过两年多的探索，全市参与共建的驻社区机关企事业单位从原有的23家增加到472家，驻社区机关企事业单位逐步从社区治理的旁观者转变为参与者，社区居民逐步由社区治理的局外人转变为局内人，有效推动了驻社区机关企事业单位和社区居民共商区域发展、共担社会责任、共享发展成果、共建美好家园，实现社区治理能力显著提升。

专家点评

长期以来，推动驻社区机关企事业单位与社区共建联建，既是促进单位在地域融合治理中履责的重要路径，也是社区治理服务进一步增能提效的关键一环。邛崃市探索形成的以“居民点单—单位备单—社区拼单—团队履单—社区党组织评单—分类兑单”为主线的驻社区机关企事业单位履行社区治理责任的闭环式联单机制，通过有效串联多方主体、明晰厘清供需关系、建立完善激励反馈等方式，有效推动了基层治理共同体的形成。

总体而言，其经验集中体现在以下几个方面：其一，联单机制的核心在于坚持党对基层治理的全面领导，谋划推进居民需求与驻社区单位资源的有效适配，开辟出一条社会力量参与、协同解决基层治理顽症的有效路径。其二，联单的本质在于“清单制”在社区治理服务中的运用，“清单制”作为一种现代管理制度，通过配单、供需和评估等环节，进一步明晰了不同主体的责权适配，从而有效推动社区治理服务方式的科学化与规范化。其三，社会力量的社区参与问题是当前社区治理服务展开的关键，通过联单的供需、评价与奖惩机制，社区构建起与驻社区企事业单位积极的联结纽带，从而突破了社区依靠情感劝说和宣传动员来推动社区参与的传统方式路径，创造性地推动了社会力量参与社区公共事业。

德法并济　爱溢嘉莲

——福建省厦门市思明区嘉莲街道推动“三治”融合助力老旧小区提升治理水平的实践

【背景介绍】

福建省厦门市思明区嘉莲街道成立于2000年，地处厦门岛中心，辖区总面积4.48平方千米，总人口约12.47万人，共有10个社区；街道党工委有12个党委、217个党支部，党员人数超过4400人。作为厦门市思明区的中心地带，嘉莲街道的10个社区里分布着244个小区，其中148个小区有物业管理，96个小区无物业管理。

近年来，随着城市整体环境的提升、人民群众主人翁意识的不断增强，居民对社区的生活环境和服务内容都有了更高的要求。由于部分老旧小区在治理方面存在着先天不足，小区生活环境不够好、物业管理不善等引发的不稳定因素日益显现。如何调动有限的社会资源改善老旧小区的环境，提高物业管理的水平，从而提升基层社会治理水平？对此，嘉莲街道不断进行着探索和创新。一方面，嘉莲街道以建设“创新、效益、法治、平安、幸福的爱心嘉莲”为目标，在紧抓经济发展的同时，始终秉承“关注民生、改善民生，让群众共享街道经济快速发展成果”的和谐发展理念，着眼群众关注的热点、难点问题。另一方面，嘉莲街道深入实践“近邻”模式，构建以居民与居民之间近邻互助、居民与组织之间近邻守护、组织与组织之间近邻共建为核心的共建共治共享格局。嘉莲街道充分发挥党员先锋模范作用，深耕德治建设，推进基层法治建设，积极探索扶贫济困模式，不断创新治理机制、创设工作载体、创优服务品牌，在提升社区治理水平上下功夫，努力实现打通基层治理的“最后一米”。

【基本做法】

一、德润人心，扎实推进思想道德教育

嘉莲街道立足多年“全国文明单位”的优秀传统和深厚基础，站稳宣传舆论高地，注重以点带面将群众思想道德建设做深做实。在街道内设置了 11 个思想道德实践场所、73 处宣传阵地，通过在社区书院开办学前课堂、亲子阅读等 33 类课程，吸引群众汇聚一堂，在交流学习中共同提高。一方面，街道发挥群团组织、优秀党员等引领带动作用，深入挖掘和选树身边模范，壮大榜样示范力量。街道重视思想引导，在厦门市率先成立街道理论教育讲师团，组建由退休教师学者、老党员等组成的宣讲队伍，10 余年来深入学校、小区、企业开展基层宣讲 850 余场，直接受众超 10 万人次。另一方面，街道拓展社区学习载体，创新学习教育形式，通过兴趣培养、竞赛、展演等多种形式吸引各年龄群体参与。街道在厦门市率先设立鹭江讲坛莲花五村社区举办点，成立厦门市首个社区科普大学，创办老年学校、市民学校等学习阵地，与辖内学校开展“书香门第”评选活动。其中，莲花五村社区、松柏社

嘉莲街道开展基层教育宣讲活动

区“青松柏堂”等5个单位（项目）获评第二批省级终身教育重点项目。

在加强与辖内企事业单位、学校等单位互动的基础上，街道充分发挥“小手拉大手”的带动作用，设立莲秀社区“国旗下讲话”、松柏社区“知行学堂”、新莲花新龙山小区“小蓓蕾种植园”等10余个道德教育学习平台。莲秀社区“国旗下讲话”坚持举办多年，邀请辖区老党员曾大姐为鹭江新城小学的学生们进行思想道德教育，得到家长学生的一致好评。街道在厦门市首创“社区志愿者奉献日”，在每年5月份的最后一个周末集中开展志愿奉献活动，已连续举办19届；开展“洁净家园”“文明交通督导”等活动，辖区干部职工带头推进移风易俗、倡导文明新风尚的同时，吸纳社会力量参与，街道登记在册的志愿者已达千余人。

二、依法有度，有效推进基层法治建设

嘉莲街道探索推行“街道吹哨、部门报到”工作模式，街道牵头辖内城管中队、交警中队、市场监管所等执法部门联合组成“9+1”队伍，迅速高效处理各类城市基层治理方面的问题。

在责任分工上，嘉莲街道推行领导分片挂钩、责任到位的“片长制”管理方式，依托“互联网＋网格化”机制，形成统筹管理、常态巡查、快速处置的工作模式。街道充分注重调动市民和社会各界共同参与的积极性，通过厦门党建“e家”等平台线上发布需求，提倡党员群众根据自身特长“接单”，实现志愿服务的无缝对接。经过各方的共同努力，辖区内逐渐形成25家各级文明单位、17家片区“大工委”成员单位联合创建、资源共享的基层社会治理新格局。

街道联合司法所、派出所等多部门共同启动“爱心嘉莲之守护嘉苗”平安校园综合治理项目，在福建省首创“平安校园维权联盟”。该联盟整合公安、检察院、法院等政法机关和律师事务所专业力量，推出净化校园环境的“嘉校平安”、加强校园法治建设的“嘉有法宝”和促进青少年心理健康的“嘉心相连”等子项目，为辖内青少年撑起强有力的爱心法律守护屏障。成立福建省首个楼宇“法治体检中心”，为企业进行“法治体检”，分析企业法律需求和风险点，指导企业针对制度漏洞和薄弱环节，健全法律风险预警防范和矛盾纠纷化解机制。在街道打造群众性综合活动中心——友邻中心，特别设定“友邻律动”项目，定期组织由专业律师组成的爱心法律服务团进驻“坐堂接诊”，通过坐班地点、时间“双固定”，打造爱心法律服务便民新常态。

三、爱育百姓，积极探索扶贫济困模式

依托爱心嘉莲的沃土，街道“爱心文化”已壮大发展形成“爱心超市”、“爱心义工服务队”、“爱心社工陪护站”、“爱心圆愿”活动、“爱心老人餐桌”、“爱心成长夏令营”等独具特色的“爱心嘉莲”品牌链。

“爱心超市”。“爱心超市”自2004年创设以来，不断拓展内涵与外延，从“爱心超市”到“3D爱心超市”再到“4D爱心超市”，成功打造集“物质支持、精神陪护、服务互助、爱老助老”为一体的多元帮扶模式，并通过提升兑换分值、扩大帮扶群体、增加爱心项目，不断增加爱心帮扶的覆盖面，进一步满足困难群众的精神物质需求。

“爱心义工服务队”。为更好汇聚社会爱心资源，让爱实现最大化，街道先后成立了名姿分队、子母粉丝分队、嘉莲司法所分队等45支爱心义工企业（专业）分队，提供爱心陪护、爱心理发、爱心义诊、爱心法律咨询等服务；针对空巢独居老人和困难群众需求，创新拓展“一对一、多对一、企业（专业）分队结对”的“结对式”帮扶和由“困难群众点单、值班义工派单、爱心义工接单”的“预约式”服务，尽可能满足困难群众的服务需求；设立莲坂北车站、社区公共卫生服务中心、莲花公园、莲花路口地铁站等多个服务点，创设“嘉有亲邻”“爱心理发日”“健康进社区”“爱心快递”“绿美嘉莲”等品牌服务。

“爱心社工陪护站”。街道充分发挥街居助理社工师、中级社工师专业优势，坚持就近服务原则，下设5个服务小组，每个小组负责2个社区，实现辖内陪护服务全覆盖。同时，为了提高陪护的专

业化水平，邀请专业督导为陪护站成员开展个案服务技巧、残疾人社会工作、老年社会工作以及社会工作价值观学习等教育培训，组织开展陪护典型案例分析点评会，充实完善陪护站成员的专业知识体系，为爱心陪护工作加油助力，保证陪护优质有效，促进陪护站的健康发展。

“爱心圆愿”活动。为满足辖区低保、低收入、困难残疾人等困难群体的需求，街道于 2008 年首创“爱心圆愿”活动，即在农历春节前夕，面向辖内圆愿对象发放“爱心圆愿卡”征集新年愿望，并通过政府搭建平台、社会各界共同参与，帮助困难群体实现新年愿望。

截至 2021 年 8 月，街道“爱心超市”收到 600 多个单位和 8400 多人捐赠的物品 23 万件、捐款数额约 434 万元，受益群众超 7 万人次；“爱心义工服务队”共有爱心义工 4000 余人，成立爱心义工企业（专业）分队 45 支，开展义工活动 6000 余场，服务时长超 5 万小时；“爱心社工陪护站”共上门陪护失独老人、空巢老人、残疾人等特殊群体超 2000 人次，陪护时长超 3500 小时。截至 2021 年 1 月，“爱心圆愿”活动已经累计收到爱心款物 262 万余元，为 1000 余个困难家庭实现新年心愿，受益人数超过千人。

专家点评

相比于宏观上的基层社会治理创新，嘉莲街道的切入口更加细致、更具有针对性。在具体实施办法上：一是扎实推进思想道德教育。嘉莲街道设立莲秀社区“国旗下讲话”、松柏社区“知行学堂”、新莲花新龙山小区“小蓓蕾种植园”等10余个道德教育学习平台，吸纳社会力量参与。二是推行“街道吹哨、部门响应”工作模式。嘉莲街道探索出“片长制”“互联网+网格化”“平安校园维权联盟”“法治体检中心”等法治化的治理模式，推进了基层治理法治建设。三是将“德治+法治”应用于扶贫济困实践中。通过成立爱心阵地、设立爱心项目、组建爱心义工、开展关爱活动，强化对特殊群体的兜底服务能力，扩展了基层德治的内涵，增添了“三治”融合发展的温度与力量。

需要进一步探讨的是：如何提炼核心机制，进一步增强案例的可复制性和可推广性？对于那些自身社会资源禀赋并不明显的区域，如何发动、链接社会资源？

打造信用体系　以小积分激发大活力

——山东省荣成市崖头街道抓好信用体系建设提高基层治理水平的实践

【背景介绍】

山东省荣成市崖头街道地处中心城区，是荣成市流动人口、重点人群和各类治理要素的聚集地，社会治理压力远大于其他镇街。一是重点人群多。崖头街道下设 4 个村、21 个城市社区，现有户数近 9 万户，人口 20 余万人，接近全市人口的 1/3。由于人口基数大，特困人员等重点人群数量也是全市最多的，给城市基层治理工作提出了更高的要求。二是经营业态多。崖头街道现有各类工商贸企业 300 多家、“九小场所” 5000 多家，包括涉氨制冷、危化品等高危行业，基本涵盖了所有经营业态，生产经营隐患突出。三是村居融合问题多。崖头街道作为荣成市的主城区，为顺应城市化发展大潮，近几年不断推动辖区城中村改造工作，越来越多村民搬迁上楼。2018 年至 2021 年，已有 33 个村纳入城市社区管理，5 万村民变为市民。由村民向市民转变的过程中，受原有的生活方式、习惯等影响，村民无法立即融入社区生活，归属感不强，导致社区内部群体间矛盾纠纷不断，给城市基层治理增加了难度。

面对新困难新挑战，崖头街道坚持把信用体系建设作为加强社会治理的主要抓手，探索形成了以信用体系建设为支撑的城市治理新模式。同时，推进新时代文明实践志愿服务，打造了“志愿服务 + 信用建设”的模式，将新时代文明实践志愿服务纳入信用体系建设，根据积分提供相应的奖惩措施，有效激发了党员群众的参与积极性，有力助推了街道各项工作全面发展。崖头街道让社会信用体系建设走进城市社区，与百姓的日常生活联结互通，全面提升居民的幸福感和满意度。

【基本做法】

近年来，崖头街道围绕“六治一网”社会治理的整体思路，即强化政治引领、自治基础、法治保障、德治教化、智治支撑、信治引导作用，大力实施网格化治理提升工程。坚持从小处着眼、细处入手、实处用力，坚持把信用体系建设作为加强社会治理的主要抓手，推动各类资源在更大范围、更宽领域、更深层次上互联互通，探索形成了以信用体系建设为支撑的城市治理新模式，着力开创共建共治共享的社会治理新局面。

一、健全完善制度设计，让城市社区治理有章可循、有法可依

自 2012 年开始，荣成市就启动了社会信用体系建设工作，是全国首批社会信用体系建设示范城市，信用体系建设工作一直走在全国前列。依托完善的信用体系，崖头街道因地制宜，将信用体系建设和基层治理有机融合，持续激发社区治理的内在活力。

做细评价标准。将居民、党员、楼（栋）长、社区工作者、共建单位党组织、社区党组织、红色物业、市场主体、社会组织等 9 类

群体纳入社区信用评价，总结归纳出 145 条守信、83 条失信信用考评细则，大到主动配合违建拆除、注册志愿服务组织，小到清理环境卫生、协助化解邻里纠纷等，都有具体的奖扣分标准，涵盖了城市治理的方方面面，把很多法律管不到、道德不好管的“治理死角”都纳入有效监管中。

做实信息审核。把社区划分成 212 个网格，每个网格配齐 1 名网格员、2 名协管员，招募近 5000 名热心居民担任楼（栋）长上门为居民采集信用信息。同时，由社区党组织牵头，邀请退休党员、居民代表、律师等成立征信议事会，对上报的信用信息集体研究评议，评议结果以楼栋为单位每月公示，借助智慧社区线上平台，实时显示信用分值、等级排名等，激发社区居民比学赶超的劲头。

做活结果运用。崖头街道建成全省首家“红色信用银行”，纳入市级社会信用管理系统，引导社区发动驻区商家、社会组织成立爱

崖头街道河东社区信用居民领取“红色信用银行”存折

心联盟，提供信用激励产品，社区每月召开信用表彰大会和信用集市，以诚信券、信用徽章、信用名片等方式，组织社区居民兑换奖励，形成信用资源可存储、可兑现的良性循环。截至 2021 年 8 月，已吸引 500 多家非公有制经济组织和社会组织入驻，提供兑换项目 1500 多项，进一步激发了居民与驻区单位参与社区治理的热情。

二、抓好党员群众管理，用信用激发社区治理的内生动力

近年来，崖头街道深刻认识到城市社会治理的关键在“人”，借助信用手段，能激励社区党员群众自觉为社区服务、为社会作贡献。

利用党员把信用体系建设的氛围带动起来。崖头街道把信用等级 A 级作为社区居民入党的前提条件，达不到该等级的“一票否决”。在党员日常管理中，除了将参加“三会一课”、主题党日活动等与信用挂钩外，还明确规定党员每年参与社区服务的信用积分不能少于 5 分，激励党员时刻走在群众前面，发挥先锋模范作用。新冠肺炎疫情防控期间，2300 多名党员带头，仅用两天半的时间，就完成了社区两轮全覆盖走访，并在后续防控中顶风冒雪，全天值守在社区各个路口。

依托居民把信用体系建设的效果发挥出来。崖头街道相继在 21 个村改居的城市社区内成立志愿服务分队，推行项目化运作与信用积分挂钩，陆续发起“爱心厨房”“银色时光”“助老金拐棍”等志愿服务项目，让新时代文明实践更有针对性、更具感召力，加快推动农村融入社区、村民变为居民。截至 2021 年 6 月，崖头街道注册志愿者突破 3.5 万人，组织新时代文明实践与志愿服务活动 1.5 万场次，成功打造“邻里守望”“福满夕阳”等 8 大类 60 多个精品项目，

涵盖理论宣讲、技能培训等多个领域，服务对象4.5万人次。

围绕重点群体把信用体系建设的成果体现出来。崖头街道的退役军人总数接近全市的1/3，一直是社会治理的重要依靠力量。崖头街道设立了心连心工作室，发起了“情暖光荣之家”等297项常态化志愿服务活动，吸纳434名退役军人参加志愿服务活动，对退役军人参加志愿活动、服务奉献社会等给予信用加分，激发退役军人参与家乡建设的热情。

三、推动各方优势资源汇集，形成社区治理的强大合力

崖头街道充分发挥社区党组织作用，不断凝聚机关企事业单位和社会组织的共建力量。

凝聚机关企事业单位力量。引导机关企事业单位党组织主动将部门职能资源向社区倾斜，发动驻区单位、在职党员进社区报到，结合驻区资源和社区需求，形成服务项目清单，将报到情况纳入信用考评范围，每年年底组织社区对优秀驻区单位、先锋在职党员进行表彰。截至2021年8月，已有200多家驻区单位党组织、6000多名在职党员参与社区共建，解决群众难题1200多个。

凝聚社会组织力量。针对社区治理力量单一薄弱的问题，创新开展了社区党组织领办社会组织模式，由社区党组织牵头注册成立社会组织，孵化成效好的，给予社区最高20分加分，每年拿出30万元资金，举办“党建引领公益创投”活动，打造精品社会组织。截至2021年8月，社区党组织已经领办孵化了“公益厨坊”“舒心社区”“情暖光荣之家”“老干部帮帮团”等4大类13个社会组织，把原来的社区管理服务依靠社区党组织单打独斗变为社会组织合力

推进，做到了专业的人干专业的事，解决了重点人群的服务问题，实现了“居民提需求、社区供服务”。

凝聚物业服务企业力量。把物业服务企业纳入了信用管理，推行社区与物业公司“交叉进入、双向任职”机制，出台街道红色物业信用管理细则，明确19项信用加分、15项考核赋分细则，投入专项创新激励资金，定期评选表彰物业示范单位。在此期间，业主组建“家园哨兵”巡逻队，有效弥补物业巡逻短板；物业公司成立“红色管家快速维修队”等志愿服务队伍，推动服务水平、质量不断提升。截至2021年6月，物业费收缴率达到90%以上，物业投诉量同比下降近20%。

专家点评

山东省荣成市崖头街道探索通过社会信用体系建设这种积分制治理方式，以信用积分作为基层治理的抓手，形成以信用体系建设为支撑的城市治理新模式。通过积分制管理在公共服务、商业经营、社区治理等方面的应用，将积分结果运用到政府服务、基层治理，不断提高治理成效。这一做法对其他乡镇街道有很强的借鉴意义。

一是社会信用体系建设成为提升基层治理水平的重要抓手。基层治理体系和治理能力现代化离不开信用体系建设在基层治理过程中的铺展推行，基层治理也离不开以信用积分为依托的精准化手段。在当前及今后的基层治理中，信用管理将发挥越来越大的功效，将深深嵌入城乡社区治理和基层政府服务中。山东省荣成市崖头街道注重信用体系建设，运用互联网、大数据等技术手段，采用积分制管理方式，加强对基层治理中积分结果的运用，不断提高治理手段的精细化和可量化水平。

二是以积分制管理为主要手段的基层信用治理离不开政府相关部门的配合。在实践中，崖头街道将党员群众个人以及相关组织分类全覆盖纳入社区信用评价，避免了信用治理的盲区问题；通过征信议事会对采集上来的信用信息进行评议，避免信息失真，确保信用治理真实有效；通过“红色信用银行”信用资源可存储、可兑现，保证了信用治理的可持续性。当地的信用管理部门建立居民信息数据库，接入信用数据系统，实现信息收集精准化、管理功能一体化和服务响应高效化，强力推行街道社会的诚信体系建设，治理过程全贯通、街道区域全覆盖、信用数据全应用。下一步，还应进一步整合政府资源，扩大基层信用治理的覆盖面。

三是进一步加强道德建设，充分运用道德约束作用保障基层治理信用体系建设的成效。信用体系建设之所以能发挥作用，一个很重要的原因是每位社会成员都受到信用积分的约束和监督。完善信用管理，应继续加强道德教育、强化道德约束力，使信用体系建设与基层道德建设、基层治理有机结合起来。

凝聚社区正能量　引领睦邻新风尚

——宁夏回族自治区银川市金凤区上海西路街道清水湾社区厚植思想道德基础走出社区德治建设新路

【背景介绍】

宁夏回族自治区银川市金凤区上海西路街道清水湾社区辖区面积 1.5 平方千米，下辖 7 个住宅小区，常住人口 7242 户 16553 人，是一个集商业开发、失地农民安置于一体的混合型社区。社区党委下设 9 个小区党支部，35 个党小组。

近年来，清水湾社区紧紧围绕“转变、融合、创新、发展”的思路，坚持以“大党建”引领基层微治理，构建“街道‘大工委’—社区‘大党委’—小区党支部—楼栋党小组”四级组织架构，织牢织密基层治理一张网，全面推动资源整合、力量融合、功能聚合，切实增强党建引领社区的治理能力，不断提高社区自我教育、自我管理、自我服务的能力，形成从自治、法治、德治向善治的良性循环。创新打造“日行一善”“睦邻清水湾·邻里一家亲”等特色志愿服务品牌，发挥道德教化作用，大力宣传时代楷模等先进事迹，营造、引领“崇善、知善、行善、扬善”的道德风尚，以身边的先进典型引导身边的人，让做好人行善举成为辖区居民内化于心的行动自觉。积极孵化培育“红色先锋”“青春护苗”“环保卫士”“便民利民”“治安联防”“文明倡导”“温情关怀”“乐舞花开”8支特色志愿服务队，探索形成“365服务模式”，为社区居民提供365天不间断的志愿服务。开放使用党建公益坊、红领之家、道德讲堂、邻里中心等服务阵地，以居民喜闻乐见的方式开展各类新时代文明实践活动，不断丰富居民精神文化生活，持续巩固、扩大并发挥好睦邻文明的“发散效应”，最大限度地激发城市活力，不断提升群众的获得感、幸福感、安全感。

【基本做法】

一、突出党建引领，凝聚社区治理合力

强化党的领导，筑牢党群共建保障网。推动做实“社区吹哨、部门报到”机制，制定社区治理“一书三单”（“一书”为共驻共建协议书，“三单”为共治资源清单、治理需求清单、服务项目清单），提升社区党组织领导基层治理、带动小区参与、精准服务群众的能力。成立党员志愿服务队，按照“居民点单、支部下单、党员接单”的服务模式，提供23项服务项目；发挥党员先锋模范作用，引导党员积极参与社区服务、政策宣传、家风家训、爱老孝亲等服务活动，动员居民投身服务群众、服务社区当中，密切党群关系，激发干事热情。新冠肺炎疫情防控期间，社区党员带动210名志愿者参与防控工作，成为社区联防联控、群防群治的一支重要力量。

转变服务模式，拓展为民服务新动能。通过“出门一把抓，回来再分家”服务模式，开辟“有事儿您开口，其他我来办”等专栏，使社区公共服务功能得到拓展。创新居民议事载体，成立“老

有所聊爱心驿站”“心理援助爱心小屋”等组织，为群众提供更加精细的服务，有效解决群众的操心事、烦心事、揪心事。2021 年 1 月至 2021 年 7 月，累计协调处理小区管理、家庭矛盾、街面秩序、市容环卫等各类问题 1275 个，处理 12345 投诉案件 115 件，办结率达 100%，切实做到件件有回复、桩桩有落实。

推进联动共治，壮大社区治理生力军。发动小区党支部、楼栋党小组、楼栋单元长及社会组织队伍，形成以小区为单元的“联动共治”治理模式，深化以社区党组织为核心、居委会为主导、社区居民为主体、多方参与的良性互动治理格局。积极吸纳共建单位、物业、商户、综合执法、公安等力量，建立小区联席会议制度，实现了民事民议、民事民办、民事民管、民事民决，解决了小区垃圾分类、安全巡逻、车辆停放等棘手问题，让群众从基层治理的旁观者转变为基层治理的参与者、主导者。

二、突出德治教化，厚植道德风尚沃土

选树道德模范，凝聚崇德向善向心力。社区高度重视居民道德养成，通过开展党员评先、群众评优，选树了一批道德模范，并将道德模范事迹通过微作品进行演绎，大力褒扬善行义举，形成德者有得、好人好报的价值导向，引导社区居民积极参与公益事业。在“最美金凤人”魏大姐的引领下，截至 2021 年 8 月，社区志愿者由 550 名增加至 1630 名，志愿服务队伍由 3 支增加至 8 支，定期开展爱心理发、上门送学、义务体检、免费修鞋等志愿服务活动，受益居民达万余人。

挖掘身边好人，画出社会和谐同心圆。截至 2021 年 8 月，社区发掘出助人为乐、见义勇为、诚实守信、敬业奉献、孝老爱亲等身

边好人105人，通过“好人故事分享”“好人展馆”等形式，弘扬好人精神，进一步提升了居民素质，增强群众向“好人标杆”看齐的意识。“身边好人”黄大姐带头在社区开展“我的家风家教故事”分享活动，引导广大家庭重言教、重身教，教知识、育品德，让好家风好家训不断传承。有位“社区好人”自2016年起，每年从自己的退休工资中拿出2000元资助辖区4名困难家庭学生，并定期到被资助者家中走访学生学习情况，体现了一名老党员的担当。

培育最美榜样，竖起道德风尚指向标。清水湾社区充分发挥道德评议会等基层组织作用，弘扬崇尚科学、勤俭节约的新风尚。连续8年开展“最美社区人”评选活动，精心选树200名最美志愿者、最美媳妇、最美公婆，让“最美社区人”的正能量产生强大的“蝴蝶效应”，用榜样的力量引导辖区广大居民自觉践行社会主义核心价值观，讲述身边人的感动事迹，推动社区居民崇德向善。有位退役军人被评为“最美志愿者”，新冠肺炎疫情期间号召身边的退役军人加入防疫志愿服务队，连续25天自行驾车为居民采购药物和生活用品。

三、突出载体创新，培育文明睦邻氛围

坚持宣传发动，让教育氛围活起来。组建社区红色先锋理论宣讲队伍，开展教育文化、科技科普、健康促进等理论宣讲活动。先后开展“不忘初心、牢记使命”主题教育、党史学习教育、家庭关系、心理辅导等宣讲38场次，道德讲堂22期。常态化开展移风易俗、婚育新风等主题宣传及新时代文明实践活动，真正使移风易俗工作入脑、入耳、入心。挖掘社区“书法达人”“编织巧手”“红歌传唱者”等文化带头人，以群众喜闻乐见的方式传递正能量、宣传

新思想，激发居民爱党爱国、勤学善思、积极进取、奋发向上，形成了良好的道德风尚。依托社区文明实践站，积极开展“文明城市，从我做起”“文明餐桌”“光盘行动”“使用公筷”“拒食野味”等主题宣传，引导广大群众积极践行文明用餐、文明出行理念，提升居民文明素养。

坚持需求牵引，让主题活动潮起来。开设非遗展示馆，定期开展本土文化、剪纸、泥人、彩塑等文化交流互动活动，增进居民群众的互动交流，增进不同文化、民族之间的互融互通。为满足辖区老年人需求，通过挖掘社会资源，引进社会组织，成立金凤区老年大学清水湾分校，为老年人创造便利条件，提供优质学习环境。同时，成立金凤区首个校外少工委，搭建未成年人德育活动平台，组织未成年人开展社会主义核心价值观歌曲传唱、文明健康成果展演、

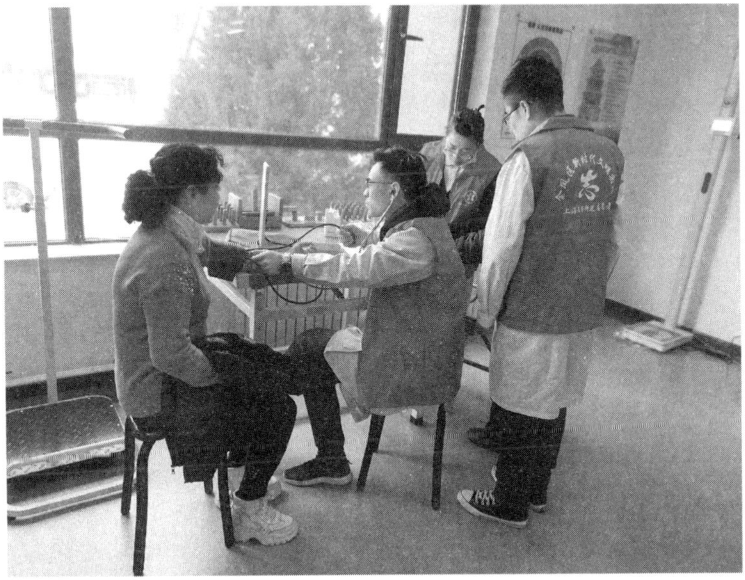

清水湾社区在健康小屋开展健康义诊活动

新时代好少年评选等校外实践活动，让少先队员在活动中传承中华美德。紧密结合小区实际，立足居民精神需求，以文艺惠民为载体，以办好事、办实事、送健康为目的，开展内涵丰富、健康向上的文体比赛、民俗表演等趣味性活动，让小区居民由陌生人变成熟人、熟人变成亲人。

坚持抓长抓常，让民风民俗纯起来。自2019年起打造“日行一善”志愿服务品牌以来，清水湾社区倡导居民每人每天做一件力所能及的好事。参与志愿服务活动可以获得相应的积分，截至2021年8月，参与人数已达到1600余人。纵深推进“周五志愿服务日”活动，根据居民需求，动员党员、群众等力量广泛开展“送温暖”“红色代办”“文明交通”等主题志愿服务活动560场次。打造“睦邻清水湾·邻里一家亲”志愿服务品牌，开展邻里互助的志愿服务活动，如家庭矛盾调解、小区环境卫生维护、孤寡老人服务、留守儿童关爱等，旨在以社区为纽带搭建邻里“连心桥”，不断密切党群关系，营造和谐邻里氛围。深化“我们的节日”主题活动，充分发挥传统文化的滋养和引领作用，围绕春节、清明节、端午节、中秋节、重阳节等传统节日，广泛开展迎新春送春联、文明祭扫、“浓情端午·‘粽’享欢乐”、情满中秋文艺演出等活动，不断营造健康向上的社区文化氛围。

专家点评

作为混合型社区，清水湾社区在坚持以“大党建”引领基层微治理的基础上，突出德治教化，厚植社区思

想道德基础，开创了一条特色鲜明的社区德治建设新路子。

一是党建引领机制。在党建引领社区治理的主题中，突出党员在社区治理服务中的政策宣传功能。推动习近平新时代中国特色社会主义思想进社区、进家庭；弘扬社会主义核心价值观，挖掘社区中的红色资源，打造红色阵地等。

二是德治教化机制。在社区德治建设过程中，注重德治教化引导功能的发挥。通过选树道德模范，开展道德模范评选表彰活动，褒扬善行义举，凝聚崇德向善向心力；注重发掘身边好人，弘扬好人精神，开展家风家教活动，营造社区崇善、知善、行善、扬善道德风尚；培育最美榜样，用榜样的力量扬正气、尚科学、崇勤俭。

三是文化氛围营造机制。创新德治建设载体，多维度培育社区文明新风。组建社区红色先锋理论宣讲队，开展理论宣讲；常态化开展移风易俗、婚育新风等主题宣传和新时代文明实践活动；打造志愿服务品牌，增进邻里关系，推进社区团结，营造社区文化。

加强基层智慧治理能力建设

智慧社区的治理“云”

——江苏省徐州市鼓楼区建设居民全参与、政用可互动的智慧社区平台

【背景介绍】

《中共中央 国务院关于加强基层治理体系和治理能力现代化建设的意见》中提出，要建设开发智慧社区信息系统和简便应用软件，提高基层治理数字化智能化水平。江苏省徐州市鼓楼区委、区政府高度重视智慧社区建设工作，将智慧社区建设列入为民办实事工程。

徐州市鼓楼区位于徐州市区北部，是徐州的主城区、老城区，全区现辖 8 个街道、68 个社区和 5 个村，总面积 64.6 平方千米，户籍人口近 40 万人，常住人口 50 万人以上。

为深入推进全区智慧社区建设，鼓楼区委、区政府于 2016 年 11 月出台实施方案，成立了由区委书记任第一组长的智慧社区建设领导小组，下设政务服务、公共服务、社会治理、商务服务 4 个工作组，形成了党委政府领导、民政部门牵头、职能部门配合、社会各界支持、群众广泛参与的领导体制和工作机制。

以“互联网 + 大数据应用”为基础，鼓楼区逐步打造政务服务、商务服务、物业服务、公益服务、自治服务、警务服务“六位一体”

的社区服务平台，通过整合职能部门资源，240余项便民服务事项全部进入智慧社区平台公示，民政、人社、卫健等部门近140项办理事项实现不见面审批，进一步推动实现基层治理数据资源共享，变“群众跑腿”为“信息跑路”。同时，在智慧社区平台打造了社区论坛、居民意见、居民邻里圈等功能板块，引导社区居民参与社区公共事务、开展协商活动、实现邻里互助，使全体居民共享智慧社区建设成果。

截至2021年7月，鼓楼区智慧社区平台实现68个社区全覆盖，近11万户居民注册成为智慧社区平台用户，服务范围覆盖辖区30多万居民群众，初步建成了一个居民全参与、政用可互动的智慧社区平台。

【基本做法】

一、以“党”统“领”，建构多方参与社区治理体制

鼓楼区强化社区党组织的领导作用，整合区域内党建资源和公共服务资源，建立以社区党组织为领导，社区居民委员会为主导，社区公共服务站、社会组织、辖区单位和社区居民等多方参与的社区治理体制，形成治理合力。

鼓楼区推行“互联网+党建引领”。依托智慧社区平台建立网上党支部，实现组织关系在线答复、党费缴纳在线核算，线上进行党务公开、党建实务咨询和支部信息发布、活动通知等，构建面向社区居民的终身学习网络和服务平台，发展远程教育和网上党员学习交流园地，强化社区党组织领导。

同时，以智慧社区平台为依托，打造“一起公益”等模块，

推动各类社会组织上线，及时发布各类志愿活动信息；推动“益动鼓楼”公益创投项目统一在平台完成活动发布、志愿者招募、公益现场直播等流程，线上线下相结合，引导社区居民线上报名，线下参与活动，提升社区开展民主协商、服务社区居民的能力。

二、移“居”上“网”，建设信息化居委会工作体系

鼓楼区利用智慧社区平台和微技术，打造社区“网上居民委员会”，建立网上全程办事服务体系，推动“网上居民委员会”数据信息化，形成“一社区一网站”。

设立办事服务直通车，拓宽服务领域。依托智慧社区平台，设置社区党群、劳动保障、居家养老、志愿服务等网上办事窗口；开通社区概况、社区新闻等网上信息板块；增设工作人员、办事指南、法律法规等网上专题栏目，打造综合性网上值守居民委员会，推动社区党务政务居务、社会便民服务、生产生活服务全天候、全领域的保障供给。

搭建社区居民互动平台，引导居民参与。依托智慧社区平台，开辟“社区建议”和“社区论坛”互动交流园地，畅通居民诉求表达渠道。开辟“邻里圈”，引导居民开展互助服务、参与社区事务。制定社区志愿服务积分体系标准，串联起邻里互助纽带，通过积分体系内部激励措施，提高居民参与社区活动的积极性和主动性。

健全居民委员会工作机制，提升服务效能。建立居民委员会“线上发现问题，线下解决问题”的互动工作机制、“首问责任”机制、“受理响应”机制。安排专职人员进行网络技术维护和信息内容

刷新，当天及时发布各类便民服务信息；及时回应居民的咨询、意见和建议；及时解决居民反映的困难和问题，提升居民委员会治理服务的主动性、精准性、便捷性。

三、用“网”建“云”，建设网格化全域联动体系

鼓楼区在区、街道、社区设立三级网格化管理服务中心，打造“一网多层多维”的全要素、全域化网格管理联动体系。用网格化推动数据云端化，实现社区治理的精细化、精准化、联动化。

按照“界限清晰、便于管理、责任明确”的原则，构建“街道—社区—网格—驻区单位、辖区居民”管理服务云，社区工作者、社会工作者、志愿者“上网入格”，每人承包一块网格“责任田”，形成“人到格中去、事在网中办”工作机制。通过三级网格联动，变被动为主动，有效地将网格内居民组织起来，自我发现问题、解决问题，确保各职能部门与社区高效联动，快速处置，实现“一张网格全覆盖”。

按照“4+N”模式，每个基层网格配备网格长、巡查员、警务员、督导员和居民组长、楼道长。网格人员每天走街串巷，负责信息采集、安全稳定排查等任务，并将有关数据及时上报至服务云平台。社区由社区党组织书记或居民委员会主任负责网格化治理工作，区综治、民政等具有社会治理职能的部门与街道、社区工作人员共同组成网格治理力量，依托同一网格建立不同维度的专业管理网络，形成多维辐射的网格化联动体系。

四、以“云”施“治”，建设居民自治数字化体系

鼓楼区利用互联网、大数据等现代信息技术的“超时空、可

视化、互动性”特质，在智慧社区平台建立数字化、网络化和智能化的三位一体“民主云”，构建“e民主+”选举、协商、决策、管理、监督，推动社区居民自治云端化，实现社区居民“云自治”。

鼓楼区依托智慧社区平台，建设社区“e选举”，采取实名注册和无记名投票双重保障制度，规范“选民登记—公布条件—报名—资格审查—初步选举—正式选举”的网上选举程序，试点开展网上选举工作，保证选举过程结果公开、公平、公正。建设“开放空间”议事、民主恳谈、专家评审、书面征询、决策听证等多种形式的线上“e协商”，搜集群众反映强烈和突出的问题。建立五议“e决策”，召开以居民需求为导向的线上社区党委提议、社区议事协商会、社区“大党委”商议、社区“两委”审议、居民（居民代表）会议决议，通过线上提问和民主投票，确定居民需求。建立网上意见收集、公开听证、民主决策、执行督办和群众评议的五步“e管理”，引领辖区多方主体积极参与社区治理，献智献策，推进社区管理及时化、高效化。建设“e监督”，开通“三务”公开、“群众访谈日”、上门走访、“圆桌会”和社情发布会等监督栏目，让居民群众足不出户对民生资金、民生项目、社区财务等使用、发放情况进行实时监督。

五、用“智”促“服”，建立智能化共享服务体系

鼓楼区整合多方数字信息资源，加快在智慧社区平台建设社区公共服务云，打造智能化共享服务体系，逐步实现社区公共服务事项“一站式”受理、全人群覆盖、全口径集成和全区域通办，促进基层群众自治与网格化服务管理有效衔接。

社区工作者引导居民注册智慧社区平台

建设共享化云平台。将全区各部门延伸到社区的业务系统进行整合，推动服务云平台逐步向社区公共服务综合信息平台迁移或集成，促进政务信息资源共享，构建面向全区居民的社区融合服务体系，涵盖与社区相关的公共服务及公益服务，逐步形成“一次采集、多方共享”“一门受理、区域通办”的大数据共享体系。

增强数字化云支撑。以数字网络为平台，利用大数据等信息技术，创建智慧社区服务 App，按照“快速发现—精确定责—规范流程—及时处理—全民参与”五个环节，建立数字化社区管理体制机制，满足居民的日常服务需求，实现对社区居民“食、住、行、游、购、娱、健”生活七大要素的智慧服务。

专家点评

基层智慧能力提升的关键不仅在于智慧基础设施的搭建与完善，更在于形成“云”上施“治”的治理思维。就目前而言，部分基层政府为了着力推动基层社区的智慧化、智能化，将基层智慧基础设施的建设与维护作为智慧社区构建的着力点。智慧基础设施的建设固然是构建智慧社区的重要抓手，但治理思维的变革更是推动智慧社区建设的根本。在推动智慧社区建设的过程中，倘若不重视治理思维的变革，非但难以提升社区智慧治理能力，反而还会加重社区的工作负担。因此，在推动基层智慧治理能力提升的过程中，就需要以技术变革为抓手，着力推动治理思维的变革，通过对智慧基础设施的灵活运用，实现治理思维与智慧“云”的有机融合，真正实现“云”上施“治”。

江苏省徐州市鼓楼区推进智慧社区建设，实施“互联网 +”基层治理行动，以“互联网 + 党建”，构建多方参与社区治理机制，推动建设信息化居委会工作体系、网格化管理体系、数字化居民自治体系及智能化共享服务体系，大大提升了政策宣传、民情沟通、便民服务的效能。在这一过程中，鼓楼区不仅将技术建设作为推动智慧社区建设的有利抓手，以“互联网 + 大数据应用”构建起共享化的云平台、数字化的云支撑等技术化平台，而且以治理思维的深度变革不断拓展“云”的功能范围，将社区决策、民主选举以及民主协商等逐步纳入“云”，大大提升了社区的自治能力和自治水平，真正实现了社区治理的智慧化、智能化。

“街社智治”助推基层治理提质增效

——浙江省杭州市拱墅区推进街道政务信息化标准流程建设的实践

【背景介绍】

自2019年起，浙江省杭州市拱墅区全力推动以“城市大脑”为引领的数字政务建设，积极探索基层治理和服务创新。拱墅区以创建全国街道服务管理创新实验区为抓手，针对基层智慧治理中存在的痛点、难点问题，把优化治理路径、关切居民需求、推进减负增效作为突破重点，以“组织化协作、数字化平台、标准化流程、智慧化服务”为抓手，着力推进街道政务信息化标准流程建设，构筑“街社智治”新模式，努力实现基层治理智能嵌构、整体转型，为基层治理高质量发展赋能增效。

针对基层智慧治理能力建设过程中存在的街道政务信息分散，数据低效、数据壁垒，大数据思维及新信息技术在政务流转中的应用有待延伸，政务信息流转仍未实现链条式的高效运转等问题，拱墅区通过精简环节、创新机制、优化流程，进一步理顺政务服务机制，初步形成了街道政务信息化服务体系。针对街道管理职责不清，权责不明、力量分散，街道对部门下沉的管理服务力量缺乏统一有效的统筹协调、综合指挥、监督管理、考核评估，社会力量参与机制仍然不够健全的问题，拱墅区聚焦街道政务信息管理综合水平提升，初步建成了纵向衔接和横向联动相结合的街道政务信息化管理应用体系，推动数据网络融合。针对街道服务形式单一，仍以面对面办理等传统人工服务为主体，智能化、便捷化、信息化服务能力不强，基层服务力量薄弱、专业化水平普遍偏低的问题，拱墅区积极推进街道职能调整和机构改革，推动区级职能部门逐步向街道下放职权，街道权责一致、统筹有力，各类工作资源在街道层面汇聚的局面渐显雏形。

【基本做法】

一、坚持党建统领，高位夯实“整体智治”组织基础

坚持党建引领智治工作，深度激活治理动能。聚焦主责主业，调整街道基础设施和职权界定，科学设置“六办三中心”（“六办”为党政综合办公室、党建工作办公室、综合信息指挥室、公共服务办公室、平安建设办公室、区域发展办公室；“三中心”为党群服务中心、公共服务中心、区域发展与治理中心），改革部门职能、机构与编制设置。深化党建引领小区治理，建立社区党组织领导的，居委会、业主、物业三方协调机制与区域兼职委员制，推进党建、综治、民政、城管等多网融合，建立由社区工作者、社区居委会成员、社区志愿者和社会工作者等组成的“一长多员”网格员队伍，重点围绕居民信息采集、安全隐患排查、综合事务处理等方面开展工作，推进基层智慧治理主体共建共治。

创新组织协调机制设计，集成推进智慧治理。围绕“政务信息化标准流程建设”街道服务管理创新实验区主题，拱墅区成立工作

领导小组，由区委、区政府主要领导挂帅、分管副区长具体统筹推进，完善总体协调机制。制定出台《关于创建全国街道服务管理创新实验区的工作方案》系列政策，明确基层智慧治理基本任务、实验举措、实施步骤与工作要求；建立专题协调机制，及时研判化解问题，提高全区智慧治理综合水平。

强化区域党建共建力度，高效整合辖区资源。推进区域化党建共建“红色纽带”工程，推出“健康公益行”“周三公益日”等多个项目，居民参与度、满意度显著提升；党组织领导下的三方治理机制有效运转，全区物业信访投诉量同比下降40%，公共服务管理水平不断增强；以区级“运河e家联盟”为契机，挂钩联建机关、社区、非公有制经济组织和社会组织等不同层级的基层党组织，累计开展活动50余次，服务人数达千人，党建联建共建效能持续发挥。

二、聚焦信息集成，统筹筑建“精细数治”决策平台

链接基层区块“数据岛”，全方位整合信息资源。突破部门信息壁垒，整合政法、民政、城管、人社、住建、卫健等省、市、区级部门信息系统平台数据以及辖区社会面信息数据，由区数据资源管理局统一运营维护，放权街道层级应需使用。研发社区层级“智治在线·一表通”平台，打通“浙江省人口管理平台”“基层治理四平台”等13个跨部门、跨层级业务平台，搭建贯通的基础信息数据库。

打造政务数字“驾驶舱”，全场域动态研判决策。推进8个街道社会治理综合服务中心、75个社区便民服务中心标准化建设，打

造“一站式”服务中心，运用大数据分析研判综合治理、民生保障等方面的服务配置需求，优化社区服务设施配置、力量配备、资源配给。坚持平战结合，完善政务数字“驾驶舱”集监测、预警、统计等功能于一体的疫情防控模块，依托实有人口、房屋、单位“三实”数据库，快速分析人员数据，加强居家隔离对象“解除量”和“存量”双数据动态研判监测，科学安排管控措施。

研发基层工作“好帮手”，全方位助力减负增效。政务信息标准化建设与基层减负增效互促并行，“云上城管 3.0 版”布局施用，推动全天候管理巡查无盲区，闭环式管理流程一体化，如武林商圈城管巡查力量从日均 175 人降至 80 人，应急速率从“15 分钟响应”转向“5 分钟必到”。突发风险防控能力持续强化，新冠肺炎疫情期间，依托智能寻呼机器人等技术手段，收集反馈各类信息 6 万余条，平均为社区工作者节省约 67%的电话回访工作量，为社区工作队伍夯基释负。

三、推进标准建设，有序规范“政务优治”技术流程

明确平台作业标准，制定街道政务信息管理规范。探索制定基层窗口人员作业指导书，将计生、人社、民政等 12 个服务窗口整合成 4 个标准化综合窗口，做到无差别统一受理接件，在 75 个社区便民服务中心全面推广综合窗口一口式、特需服务代办制。推进街道社会治理综合服务中心标准化建设，规范设置便民服务区、综合执法区和联动指挥区。出台杭州市地方标准《街道政务信息规范》，加强街道对个人、组织政务信息管理。实现 7 天 24 小时全天候办理，打造线上“市民之家”，健全规范化服务平台。

拱墅区长庆街道综合审批窗口推广综合窗口一口式、特需服务代办制

打通政务技术脉络，强化街道政务服务协同受理。完善“发现问题、解决问题、办理反馈、监督评价”闭环管理流程，推动行政审批和公共服务职能向街道下沉，向街道放权赋能。成立全省首个街道综合执法队，将城市管理等320项民生关切的执法事项划转至街道执法机构统一行使。依托“I Do”实时派单系统，形成行政执法队伍、社区工作队伍、志愿服务队伍等服务力量线上线下联动指挥机制，推进整体协同联动。

优化政务服务流程，提升街道政务管理运行效能。区、街道、社区三级行政审批和公共服务职能有序梳理，统一审批服务流程和办件标准进一步优化，1718个事项全部实现“最多跑一次”。交警、残联、人社等部门的8个审批服务事项“就近办”“全时办”“视频办”接续运转。推进“城市大脑”“基层治理四平台”“云上城管”“智慧社区”等系统功能集约融合，强化可视化指挥体系，提高政务响应效率。

四、强化智慧应用，聚合打造“民生善治”服务场景

归集居民实时诉求，拓展构筑“智能+政务”服务场景。依托人脸识别技术，统计分析政务服务大厅办件类型、时长等变量，智慧感知群众办事需求，促进办事便捷率和满意率双提升。深化政务服务系统在小区垃圾分类、业委会财务管理等方面的应用，创新构建“1 Call 办”极简政务服务模式，利用“人工智能+移动终端平台”，以聊天场景化服务方式，推广“一句话就能办事”的 24 小时贴心政务在线咨询和办理服务。

延伸智慧应用领域，嵌套优化“智能+治理”服务场景。以老旧小区改造为契机，推动增设智能门磁、门禁、烟感报警等设施，实时监测高龄老人、独居老人等重点服务对象，降低意外事件发生率。优化“社区智治在线平台”服务模块，加快“智慧依靠”微信公众平台应用开发。构建“亲邻 E 站”模块，面向社区、社会组织发布的实时活动信息，居民可在线报名，就近寻求服务。研发“民主协商”“居务监督”等社区治理“码”上参与功能模块，创新线上说事、议事、评事形式，激发居民自治共治力量。

提升智慧服务能级，做实做优“智能+生活”服务场景。衍生构筑智慧养老平台，实现服务对象个性化管理，服务需求“一号呼叫”，服务供给“一图全览”，服务流程“一网闭环”，提升

智慧养老服务实效。实现"区—街道—社区"数字"驾驶舱"体系覆盖化铺设，落地全市首个场景应用示范园区"新天地"，优化居民"食、住、行、游、购、娱"综合应用场景，不断提升为民服务能力，推进智能环境速效响应个体之需，以数字赋能描绘善治画卷。

专家点评

基层智慧治理能力的提升需要系统化的思维。所谓系统化的思维，主要是指在智慧社区建设的过程中，以技术变革为契机来实现组织建设的整体化、信息的集成化、管理流程的标准化以及智慧应用的多元化。从这一角度来说，基层智慧治理能力的提升并非是简单的、线性的变革过程，而是组织之间的统一协调与配合、信息的整体集成与整合、管理流程的统一标准与规范以及智慧场景多元运用等综合作用的结果。在推进基层智慧社区建设的过程中，倘若缺乏某一环节，就会使得社区智慧治理能力的提升大打折扣。因此，在推进基层智慧治理能力提升的过程中，就需要以系统化的思维整体推进，以统筹协调的宏观思维来助力智慧社区建设。

浙江省杭州市拱墅区以创建全国街道服务管理创新实验区为契机，针对基层智慧治理中的痛点、难点问题，以党组织为统领，着力推动了基层组织、治理资源的整体化整合；通过构建“区—街道—社区”三级信息系统平台实现了信息的传输与整合，为服务决策、助力基层减负增效打下坚实基础。与此同时，通过平台作业标准的确定和服务流程的优化助力了智慧社区治理效能的提升。

智慧赋能　助推社区治理

——陕西省宝鸡市高新区打造“智慧+”提升社区智慧治理能力

【背景介绍】

陕西省宝鸡高新技术产业开发区（以下简称“宝鸡高新区”）是1992年国务院批准设立的国家级高新技术产业开发区。2010年，宝鸡市委、市政府决定，由宝鸡高新区托管开发区域内的社会事务。截至2021年7月，全区共有10个城市社区，90个住宅小区，居民5.6万户17余万人。

作为新城区，宝鸡高新区经济活跃，大量外来务工人员不断涌入，人口呈现居住密度大、结构年轻化、生活节奏快的特点，生活方式多样化特征显著。社区管辖范围广、人口多，但社区工作人员数量少，给社会治理、社区建设和服务居民造成诸多困难。

2017年，宝鸡高新区积极破解难题，探索基层治理新模式，在推行网格员代办制度的基础上，与区内高新技术企业合作研究开发了无人值守“智慧化微社区办事云柜”，在全区所有社区投入建成智慧社区系统，建成了党建云平台、公共服务云平台、志愿服务云平台。2020年，先后上线智慧党建、志愿服务、网格化管理、智慧养老、疫情防控等9大模块97项功能，打造了党建云、服务云、网格云、社会组织云、协商云、商务云6大云平台，形成“六智六化”智慧服务体系，即智慧党务，实现基层党建智能化；智慧政务，实现服务居民信息化；智慧网格，实现事务处理精准化；智慧联动，实现参与主体多样化；智慧协商，实现社区治理民主化；智慧商圈，实现社区服务便民化。实现了“让数据多跑路，让居民少跑腿”的智慧社区治理模式，基层党建和公共服务进一步深度融合，基层社区居民自治能力和水平得到了明显提升。

截至2021年7月，线上注册居民已达15.76万人，约占辖区常住人口的90%。下一阶段，宝鸡高新区将进一步提升和完善社区治理的智能化平台，吸纳更多居民和多方主体参与社区治理，打造共建共治共享的新型社会治理格局。

【基本做法】

一、智慧党务，实现基层党建智能化

在全区搭建党建云平台，线上设置党章党规、党建活动、党员服务等板块，党员可以在线上学习交流讨论、发表心得体会，提升基层党建工作水平。依托党建云平台，设置党员风采栏，亮明身份、公开承诺，接受群众监督。创新“主题党日+”自选套餐，党支部定期组织党员线上学习党史、新中国史、改革开放史、社会主义发展史，让党员在学习领悟中坚定信念、践行初心。将“三会一课”搬到“云”端，及时组织党员开展“三会一课”，通过观看视频、学习文件、交流讨论、志愿服务等方式，引导党员守初心、践使命。

在新冠肺炎疫情期间，依托党建云平台，通过网络动员、线上

报名等形式，全区共组建党员先锋队 80 个、设立党员示范岗 86 个，成立志愿服务队 50 个，2000 余名驻地党员和群众志愿者下沉小区，担负起疫情排查、站点值守、安全巡逻等任务，为疫情防控作出积极贡献。

二、智慧政务，实现服务居民信息化

建成服务云平台，在完善“网格员—居民小组长—楼栋长”三级网格治理的基础上，针对上班族居民下班时间办事难的问题，依托区内科技传媒公司，先后投资 220 余万元，在全区 42 个社区布设“智慧化微社区办事云柜”，全面推行网格员代办制度。居民可通过扫描云柜上的二维码，将自己需要办理的业务资料投放到云柜中；

宝鸡市高新区八鱼镇昌盛路社区居民正在使用“智慧化微社区办事云柜”办理业务

社区网格员同步会在手机上获得服务信息，及时办理完成后，再重新投入云柜；之后，居民可在任意时间到云柜取走材料。“智慧化微社区办事云柜”实现了各社区与智慧社区平台、社区网格员手机的互联互通，为居民提供24小时“家门口办事服务”。

同时，依托智慧社区系统，在社区设立“智能政务服务一体机”，居民可在手机上实时提交办事申请，系统审核后，居民持身份证便可在社区任意的一体机上自助打印相关材料或查询相关信息，实现了社区公共服务“全区通办、一窗受理、全程公开”。截至2021年8月，高新区10个社区的“智能政务服务一体机”超过30类基础业务办结率达到80%以上，极大提高了社区服务和工作效率，受到居民一致好评。

三、智慧网格，实现事务处理精准化

建成网格管理云平台，整合社区现有信息资源，将地理信息、居民信息、驻地单位信息等统一纳入信息管理数据库，建立以人、地、物、组织、社区地理信息为主要内容的社区基础资源库系统，实现数据一次收集、多方共享和网格内全成员、全地域、全事务管理。

依托网格管理云平台的随手拍功能，居民可将社区范围内的任何异常情况通过手机拍照和文字描述上传到平台，智慧社区系统将实时通知网格员，网格员到现场协调处理后，再上报智慧社区系统，实时向居民反馈，形成了“事件上报—系统分流—交办处理—督办催办—反馈归档”的事件处理工作闭环，实现了全域信息共享、工作互动、无缝对接。

新冠肺炎疫情期间，全区紧急摸排居民信息12万人次，全区

90 个住宅小区全部实现小区出入扫码识别和轨迹、目的地、交通方式等关键信息的登记上报。通过实时掌握居民上报的健康信息，进行大数据分析，实现了人员管理的批量化和精准化，真正实现了联防联控、群防群治。

四、智慧联动，实现参与主体多样化

搭建社区社会组织云平台，居民可线上申请发起注册社区社会组织，社区审核后报上级单位，批准后反馈居民信息并指派社会组织线上负责人，实现了社区社会组织申请、信息管理、孵化培育的智能化。居民也可在线注册成为志愿者或加入社区社会组织。社区社会组织线上负责人或社区志愿者管理员可在云平台发布活动信息，志愿者和组织成员可收到活动信息，根据活动内容、时间等要求，自主选择是否报名参加活动。参加活动的居民可获得相应积分，兑换礼品。通过构建一套完整流程体系，引导社区社会组织参与社区治理，实现每个社区至少有 10 个以上登记或备案的社区社会组织。

依托云平台建立“虚拟养老院”，打造集老人档案管理、健康预警、智能定位、一键呼救、养老电商管理、大数据监控与分析等功能为一体的云技术管理服务平台，形成了以家庭养老为核心、社区服务为依托、专业化服务为依靠的智慧养老服务圈，让老人出家门步行 15 分钟就能享受到各类居家和社区养老服务。此外，社区还为孤寡独居老人配发智慧养老手环，并接入社区智慧养老子系统，为老人提供个人定位、紧急呼救、健康监测、跌倒报警等 25 项个性化、应急性服务信息，确保老人出现突发状况时，能第一时间得到救助。

五、智慧协商，实现社区治理民主化

搭建协商云平台，居民可通过协商云平台发表意见。针对居民需求，宝鸡高新区定期召开党员和居民代表参与的议事协商会，解决居民关心的物业管理、公共秩序等问题，增强了网格员、居民小组长、物业服务公司、业主代表、驻小区单位、社区民警等多方主体的沟通交流，打通服务居民的“最后一公里”。截至2021年7月，全区共解决各类矛盾纠纷180余起，有效解决了居民的操心事、烦心事、揪心事，促进了社区稳定和邻里和睦。截至2021年8月，全区所有社区普遍制定了“邻里公约”“车辆停放公约”“小区宠物饲养公约”等制度，实现了小区事务“一事一议、一事一约”。

蟠龙路社区新起点A区路灯损坏严重，影响居民夜间出行。依托协商云平台，蟠龙路社区党支部先后两次召开议事协商会，通过线上线下结合的方式及时征求468户居民的意见，就路灯维修问题达成一致，解决了安全隐患。

六、智慧商圈，实现社区服务便民化

搭建社区商务云平台，上线家政服务、家电维修、餐饮、购物等服务资源信息，为居民提供网上预约服务，使居民足不出户，便可享受商家上门服务。依托社区商务云平台，为居民提供缴纳水费、电费、燃气费、电话费等公共服务，建立智慧停车引导系统，实现社区内不同小区停车资源共享。

新冠肺炎疫情期间，居家隔离、居家随访人员可以通过社区商务云平台购买抗疫物资和日常用品，商家将商品送到小区后，由社区网格员、小区物业或志愿者送到居民家中，切实为群众解忧排难。

专家点评

要推动基层治理的智慧化、提升基层智慧治理能力，就必须充分拓展社区的智慧功能，即依托现代信息技术，通过“智慧+”的形式来拓展社区治理的空间，提升社区的智慧化水平。就目前而言，依旧面临着三个主要问题：一是智慧基础设施不完善。由于地区经济发展水平的差异，一些地方尚缺乏完备的基础设施。二是社区缺乏相关专业人员。虽然有些地方已经推行了智慧社区建设，但由于缺乏相关专业人员，社区的智慧化、智能化功能还亟待进一步探索。三是管理思维较保守。受到传统管理思维的影响，一些地方对智慧化的治理思维缺乏充分的认识。为此，要进一步推动社区的智慧化，就必须在克服以上技术困境、人员困境的基础上，充分运用智慧化的管理思维，积极拓展现代社区的智慧化治理功能。

陕西省宝鸡市高新区积极探索智慧社区建设，通过对“智慧+”功能的探索，形成了“智慧+党务”“智慧+政务”“智慧+网格”等多种“智慧+”模式，不仅拓展了现代科学技术的应用空间，更从治理的角度大大提升了社区的治理能力和治理水平。

"数字赋能　两化融合"破解社区治理难题

——安徽省合肥市蜀山区笔架山街道以数字赋能基层治理

【背景介绍】

安徽省合肥市蜀山区笔架山街道地处省会城市中心城区，辖区总面积8平方千米，下辖5个城市社区，居民4.79万余户15余万人；区域内各类机关、企事业法人单位5500余个。

随着城市化进程不断加快，城区人口急剧增加、各类诉求大量涌现，对基层社会治理提出了新挑战。一是基层治理任务繁重。随着人口、企业的不断增加，社区服务个性化与精细化不够、服务资源和服务抓手短缺等问题日益凸显。二是社会诉求复杂多样。外来人口大量迁入，居民人员构成复杂，群众服务需求呈多样化增长态势，各种利益关系日趋复杂。三是区域资源条块分割。辖区众多单位由于管理体制和隶属关系，街道、社区统筹协调难度较大，在整合资源精准服务过程中，面临"小马拉大车"的困境。四是数据壁垒未能打通。街道、社区对社会治理信息化、智能化的需求日益增加，但缺少统一的信息平台作为支撑，同时上级政府部门间信息不互通，基础数据库难以共享，数据碎片化、共享应用水平低等问题，影响科技赋能治理的实效。

为有效破解基层治理中的难题，笔架山街道抢抓合肥市民政局智慧社区试点契机，依托蜀山区政法委综合治理信息平台，围绕数据融合、模块组合、共享应用、便民利民，达成"不搞重复建设，不增加基层负担"的共识，在全市率先推进网格化和信息化融合，完善网格化管理体制、信息化保障机制，着力提升社会治理效能。

【基本做法】

一、数据融合应用，为居民幸福生活加码

数字赋能基层治理，是促进基层治理精准化、精细化和便民服务智慧化，切实提高基层治理能力的有力措施。

安装自助终端，构建便民快捷政务网。为最大程度方便居民办理各项行政服务事项，街道在前期走访基础上，结合居民需求研发"社区微门户"，将基层党建工作、行政审批、民生服务等进行资源整合与线上移植，通过"居民点单、社区接单"化解居民生活当中的操心事、烦心事、揪心事，打通群众办事"最后一百米"。同时，在住宅小区内设置安装集人脸识别摄像头、打印机设备于一体的自助机，居民群众可通过一体机自助办理临时身份证、查询办理社保、打印办事指南、办理生活缴费、参加社区活动报名等，全方位满足居民需求，实现政务服务事项网上办、就近办。

配置智能设备，构建安全防卫保护网。依托合肥市民政局智慧社区试点，在社区重点公共区域配置社区展示大屏，进行实时监控。在小区所有重点区域设置全局摄像机、视频监控、人行门禁、智能车辆闸机等设施设备。在小区出入口安装人脸抓拍摄像机，24 小时

笔架山街道自助服务一体机

自动抓拍进出人员人脸图像，并与人脸数据连接比对，对外部人员进行重点监控。在小区内主要人员活动区域，安装高空抛物摄像机，利用高清红外探头抓拍。当发生高空抛物事件时，通过设备内置智能算法自动分析并精准捕捉抛物画面和记录物体坠落轨迹，同时将抛物发生时的图片和视频运行数据同步接入智慧社区平台和合肥市公安局警务应用平台，实现24小时全覆盖监控，大大提升了小区的安全系数。

开发智慧应用，构建精准高效守护网。针对幼儿安全开发设置“幼儿园周界防护”系统，与公安人脸数据库对接。针对小区内独居老人安装智能门磁、智能猫眼，系统通过设备传回老人出入门的大数据，可自动分析老人行动轨迹，实现智能走访。一旦发现老人长时间未进出门，系统将发出预警。社区收到预警后，当日会以短信形式提醒亲属，两日内进行电话询问，第三天上门查看，及时守护老人安全。

二、数据高效流转，为基层治理减负提效

社区工作者承担着大量民政、公安、卫健等部门的数据采集、事务办理等工作，由于各职能部门对社区的工作要求、收集的信息不尽相同，社区工作者需要采集录入大量重复性的数据，任务较为繁重。

打造融合平台，构建减负增效融合网。充分应用全市大数据中心数据，通过智慧社区建设，按照用户、数据、业务“三个融合”的总体思路，创新设置“社区融合平台”，建立“社区数据专题库”，通过完善数据资源共享交换体系，融合社区在用35套信息系统，接入市直12家单位89大类4.1亿条数据，实现社区工作者多系统办理、大批量信息核对等烦琐业务一键生成，避免重复填报、多次采集，实现政务服务“一窗通办”。智慧社区利用AI技术为社区工作者配备智能办公助手，通过深度挖掘、数据分析社区日常行政事务规律，实现退休养老认证通知、居民医保催缴、育龄妇女孕前免费检查提醒等常态事项智能语音机器人定时呼叫，有效减少了社区工作者重复劳动，工作效率提高60%以上，有效推进基层减负增效。

形成社区图库，构建精细治理数字网。以社会治理和基层决策两大重点应用为切入点，全面实时汇聚社区运行监测数据，及时了解掌握社区运行态势，为精细化服务提供技术支持和数据依据。利用三维建模技术把社区事件中的位置、时间、人物等信

息结合时空技术关联起来，形成可查、可看、可选、可分析、可调度的“社区一张图”，将社区内的人、房、事、物、组织等信息优化整合、分类管理，便于基层工作者对社区各类情况进行即时分析研判，让数据辅助基层决策管理，达到“一屏管社区”的效果。

打通“信息孤岛”，构建协调联动处置网。依托蜀山区综合治理信息平台，建成全市首个“网格综治中心”，推行“大数据＋网格化”运行模式。统筹调度城管、市场监管等执法力量，以“街长制”“路长制”为抓手，建立综合执法联席会议机制，实行“一支队伍管执法”，避免“九龙治水”现象。汇总数字城管等数据信息，推动跨区域、跨部门、跨层级信息数据共享共用。引入人工智能技术，对辖区 1132 个公共安全探头、沿街商铺云端摄像机的视频流进行汇聚、接入、分析，实行 24 小时轮流值班，随时受理、反馈处置结果。

三、数据赋能治理，提升治理能力水平

“网格＋网络”是推进网格化社会治理的有效方案。针对社区事多人少、任务繁重的实际和区域资源条块分割等问题，笔架山街道按照社区划分和群众需求“量体裁衣”，将网格管理与服务资源有机融合，最大限度激活治理资源、形成共治合力。

网格划分与组织设置高效匹配。把辖区划分为 6 个一级网格、34 个二级网格、113 个三级网格。一级网格以社区为基本单位；二级网格根据地域面积、小区规模和人口数量进行划分；三级网格具体到小区楼栋。在一级网格（社区）设立党委（党总支），下辖住宅小区党组织、非公有制经济组织和社会组织党组织。二

级网格按楼栋、商业街区、党员志愿者队伍等设立若干个党支部，把党的组织体系向下延伸到每个驻街单位、小区院落、建筑工地，同时以蜀山区“五好”（党建引领好、群众自治好、各方协同好、为民服务好、社会风尚好）小区建设为依托，充分发挥网格党支部作用，实现“组织建在网格上、队伍聚在网格里”，精准服务小区综合治理。

数据采集与网格管理无缝对接。由街道班子成员包联一级网格，统筹协调重大问题；社区“两委”成员兼任网格长，负责二级网格，及时处置突发事件；选聘热心公益事业的党员群众作为专（兼）职网格员担任三级网格负责人，定期入户走访、接待群众来访；发动党小组长、楼栋长作为小区“两长多员”，收集民情民意，实现对网格内的人、事、物等情况的了解掌握。持续发挥网格员作用，延伸服务触角，重点做好信息采集、政策宣传、矛盾调处等 15 项管理服务工作，网格内各类数据统一上传“蜀山综治”手机 App，实现辖区事务线上派单处置、网格服务轨迹定位巡查、矛盾纠纷及时协调化解，“让数据多跑路，让居民少跑腿”。

多方联动与携同共治双向发力。健全党组织领导下的议事协商机制，建立街道、社区党组织牵头，上级职能部门、驻区单位、业委会、物业公司、居民代表等共同参与的联席会议制度，打造“线上 + 线下”立体化议事平台。线上，针对“社区微门户”收集的意见建议与蜀山区人民法院联合建立“诉调对接”工作机制，成立全省首个街道级试点物业纠纷诉调对接中心，通过网上在线调解模式，高效快捷化解物业矛盾纠纷；线下，通过“有事好商量”工作平台，聚焦群众关心的幼儿入学、民生保障、停车位不足等 10 余项堵点、痛点，广泛协商凝聚共识。

专家点评

推动基层数字化水平，增强基层智慧治理能力，不仅仅依靠技术的简单运用，更在于技术背后的数据融合能力。从这一角度来讲，加强基层智慧能力的建设，就在于从根本上解决“融”的问题：

一是“线上”与“线下”的融合问题。一方面，“线上”与“线下”相衔接的前提在于智慧终端的建立，只有以现代信息技术为依托，实现线下工作的“数据化”，才能快速捕捉社区治理中出现的问题。另一方面，“线上”与“线下”融合的关键在于线下工作方式要同互联网技术相匹配，通过技术赋能助力线下服务效率的有效提升。

二是“线上”数据的融通与流转。为破解基层治理中的难题，笔架山街道抓住争创全国社区治理和服务创新示范区的契机，以数据融合为抓手，通过安装智慧终端、开发智慧应用等形式整合了数据资源，加强线上与线下工作方式的有效衔接。与此同时，笔架山街道通过打造融合平台、打通“信息孤岛”等方式实现了线上数据的有效传输与融通，拓展了应用场景，大大提升了社区治理的数字化水平。

科技赋能　开启社区“智理”新路

——福建省福州市鼓楼区东街街道军门社区以便民惠民利民为导向推进智慧社区建设的实践

【背景介绍】

福建省福州市鼓楼区东街街道军门社区位于东街街道的核心区域，成立于1952年，辖区总面积0.16平方千米，人口1.3万余人，是个典型的老旧小区。因大部分建筑建于20世纪七八十年代，社区楼体立面景观陈旧，基础配套设施落后，消防安全隐患大；私搭乱建现象普遍存在；人口老龄化问题也比较严重。

近年来，军门社区遵循2014年习近平总书记到军门社区视察时作出的“三个如何”（如何让群众生活和办事更方便一些，如何让群众表达诉求的渠道更畅通一些，如何让群众感觉更平安、更幸福一些）重要指示精神，结合老旧小区改造，依托“数字福建”鼓楼示范区建设成果，以“鼓楼智脑”应用平台赋能社区治理，充分运用物联网、人工智能、大数据和5G技术，积极试点全省首个智慧社区建设，全面整合社区人、地、物、事、情、组织等信息，将社区服务、社区治理、公共安全等进行融合，打造了集智慧停车、智慧安防、智慧政务、智慧信息服务、智慧养老等于一体的统一规范、互联互通、功能丰富的军门智慧社区平台，实现了社区管理服务的数字化、网络化、可视化、智能化，探索出了一条具有军门特色的智慧社区治理新模式，为居民创造了更加安全、舒适、便捷、幸福的现代化生活空间。军门社区的智慧治理之路，实现了从“昔日纸褙军门前”到“今日文明一枝花”、从传统社区到智慧社区的美丽蝶变。

【基本做法】

一、科技赋能让居民生活更方便

军门社区围绕居民的日常生活等打造一系列便民惠民利民的智慧应用场景。

智慧购物更便捷。对社区便利店进行可视化、全街景整合，辖区所有便利店信息均一目了然地呈现在移动终端平台上，居民可直接通过平台搜索离家最近的便利店，实现“秒询、秒买”，甚至还可到线上便利店预约订购农产品，足不出户即可享受智能、舒心、便捷的社区生活服务。

智慧出行更精准。通过智能停车服务平台，居民随时可以查找社区内空余车位情况，并能通过导航精准前往停车。同时，打造了智能公交站牌，居民能实时精准定位公交位置，掌握公交运行路线、进站时间和车上乘客数量等信息，大大方便了居民出行。

智慧政务更高效。积极践行“数据多跑路，群众少跑腿”的承诺，增设了线上线下一体化的“互联网＋政务服务”平台，围绕“线上一分钟，线下十分钟”的目标，实现了线上一分钟智能填单、一网通办、电子证照100%事项应用，线下一窗受理十分钟、快递送件上门等特色服务，打造了家门口 10 分钟便民办事圈，现已能为群众提供 23 个部门的 103 项办事服务。

智慧养老更温馨。针对 60 岁以上老年人口占社区总人口 29.9% 的现状，创新探索智慧养老服务模式。依托鼓楼区养老服务信息平台，建立了连接政府、老年用户、养老服务商和社会资源的枢纽。老年人只需拨打服务专线，便可得到理发、家政服务、陪医就诊、家电维修、送餐等 10 大类上门服务。此外，老人家中装有的智能水表，会将用水数据传输到智慧社区系统，系统会通过大数据对老人的用水行为特征进行建模，监测用水情况，一旦发现用水异常，智慧社区系统就会发出预警提示，并以短信通知社区服务人员及时上门走访。同时，还联合金太阳居家养老应急呼叫服务中心指挥平台，一旦有老人拨通应急呼叫电话，指挥平台可针对老人的需求在 15 分钟内按需提供服务。

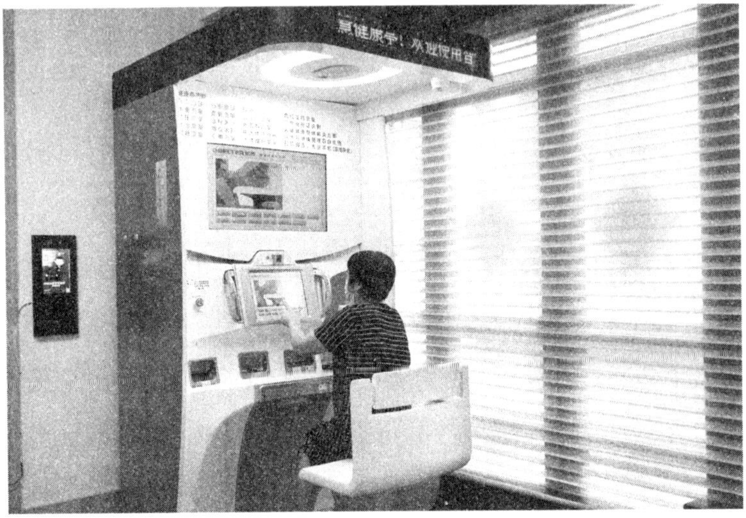

智慧健康亭一体化设备

二、智慧互联让居民表达诉求的渠道更畅通

为了更好地倾听群众呼声，军门社区持续创新，不断健全群众诉求表达平台，让群众诉求表达有人听、有人管、有落实、有反馈。

“社区幸福通”对接诉求表达。2019 年 8 月，军门社区创新开通了“社区幸福通”微信公众号，对上链接鼓楼智脑“一线处置”，对下沟通居民群众，打造集便民服务、社区宣传、互动交流、工作监督、问题处置等功能于一体的“一站式”掌上社区服务平台。平台设有事项告知、办事预约、随手拍、民情恳谈等 12 个便民功能，整合了居民福利政策宣传、家政服务、积分商城、周边服务等 6 项政府社会资源，其中“随手拍·有话要说”专栏链接“鼓楼智脑”后端系统，实现资源“大整合”、信息“大共享”、民生“大服务”。平台上的民情恳谈功能通过线上发布恳谈议题、线下开展恳谈会议，解决居民所需，线上上传恳谈记录，形成“征求、恳谈、解决、反馈”的流程，加深了居民对社区工作的了解，融洽了党群干群关系。截至 2021 年 8 月，“社区幸福通”关注总人数达 19.76 万人，实名认证 25.59 万人；社区居民通过民情恳谈功能提交恳谈建议共 491 个，完成民情恳谈管理共 1158 条；“随手拍·有话要说”专栏共发布上传诉求事项 9979 条，办结率达 98.12%，好评率达 90%。

便民邻圈营造幸福邻里。军门社区着力打造社区近邻服务品牌，以“社区幸福通”为载体，在平台内开放兴趣小组创建、申请、动态交流发布功能，由运营支持单位和社区服务人员发布兴趣小组圈。社区居民可以通过平台查看社区的兴趣小组圈，申请加入并通过审核后，社区居民可查看自己加入的圈子，了解圈子及圈子成员、交流动态等信息，从而丰富居民生活、拉进邻里关系。同时，平台设

有社区居民互帮互助信息发布功能。比如，居民可通过平台发布维修、咨询等信息，填写自己所属小区、联系方式、求助内容等，由社区服务人员审核后公开，其他社区居民看到信息后便可提供线上或线下帮助，邻里之间互帮互助、友爱和谐的氛围更加浓厚。

三、智能管理让居民感觉更安全

近年来，军门社区持续加大智慧化建设力度，依托鼓楼智脑的物联感知功能和“互联网 +”技术，建设集“一端、两平台、三系统”（鼓楼通 App 客户端；综合服务受理平台、网格化管理服务平台；社区全球眼监控系统、社区网络安全门禁系统和社区电话平安联防系统）于一体的社区信息服务平台，并与鼓楼智脑应用平台实时对接。居民通过社区平台可点击查看社区的各类信息，大到房屋信息，小到井盖实时数据。通过物联网技术的广泛应用，让军门这个“小社区”充满了“大智慧”。

特别是结合老旧小区的改造提升，在空中、地面、地下安装了 27 类近 1000 个“上天入地”的智能设备，生活在这里的群众都很有安全感。在空中，社区的每个路口、卡口，每个小区门口，每个楼道口，都安装了人脸抓拍摄像头，实行 24 小时安全监控，如有犯罪嫌疑人出入，会自动抓拍自动告警，并将信息推送到社区保安。布设了雨量监测、空气质量监测系统，对社区生活环境进行实时监测。安装了高空抛物监测探头和智能广播，对那些存在不文明行为的居民进行声音警告和曝光，大大减少了居民投诉事件，有效化解邻里矛盾。在地面，安装了智能消防栓、智能烟感、鼠类监测传感器、智慧门禁、智能灯杆等设备。比如，在横锦巷新村等老旧小区中实施智能化改造，增设人脸识别门禁系统、智能道闸、智能充电桩、智能信报箱等设施，这些“感觉神经”为社区消防监测、环境监测、治安监控等布下了严密的安全网。在地下，社区所有井盖都安装了物联网感知设备，做到了下水道水位、水压、井盖松动等情况实时监测，实现社区自动防涝、防积水。同时，还引入了智能寄递箱、自动售货机、智能垃圾箱、融媒体智慧屏等智能化设备，打造了智慧型示范小区，提升了居民群众的获得感、幸福感、安全感。

专家点评

作为全国城市社区治理服务的先进典型，福建省福州市鼓楼区东街街道军门社区具有多方面可供学习的先进经验。其中，军门社区扎实推进智慧社区建设的经验就具有重要的启发意义和推广价值。它启发我们：2014年习近平总书记视察军门社区时作出的“三个如何”的重要指示，是以人民为中心的发展理念在社区工作领域的具体体现，也是新时代全国各地深入推进城乡社区工作的根本遵循。遵照这一重要指示精神推进智慧社区建设，就应该把不断满足居民群众对美好生活的向往作为出发点和落脚点，紧紧围绕居民群众对美好生活的向往，打造一系列便民惠民利民的智慧应用场景，使社区居民智慧购物更便捷、智慧出行更精准、智慧政务更高效、智慧养老更温馨。

军民社区的实践表明，通过科技赋能、智慧互联、智能管理，加强基层智慧治理能力建设，使社区居民在诉求表达和社区认同等方面拥有更大的获得感、幸福感、安全感，这从一个侧面体现了中国特色基层社会治理的优势。

强化基层治理保障

减负增效　社区治理开新局

——黑龙江省哈尔滨市道里区实行“全科服务+网格管理”的实践探索

【背景介绍】

黑龙江省哈尔滨市道里区坚持问题导向，以实现人民对美好生活的向往为目标，开展了“全科服务+网格管理”的街道社区治理体制改革，厘清街道社区权责清单、减少社区证明事项，规范街道社区政务服务和公共服务事项，通过给社区减负增效，提升社区治理效能，形成了服务全面、群众满意、充满活力的和谐社区景象。

道里区是哈尔滨市政治、经济、文化、旅游中心，辖 19 个街道、4 个乡镇，共有 160 个社区、44 个建制村。总面积 479.2 平方千米，总人口 109.74 万人。现有社区工作者 1271 人，其中全科服务窗口 181 人，其余按照每 400 户配备一名网格员的标准下沉网格。每个社区通过配建、租赁、购置、资源共享等方式，拥有不低于 300 平方米的社区公益用房。

2019 年，黑龙江省哈尔滨市道里区以“社区减负增效”为突破口，通过缩减服务层级，实现工作清单化和社区去“行政化”，将社区和街道办事处的两级公共服务和政务服务整合到服务中心集中办理。通过优化基本公共服务功能，促进社区居民自

道里区社区服务中心秉承“身怀为民之心　恪守为民之责”理念为居民服务

治回归，以实现政府“行政管理与基层群众自治有效衔接与良性互动”为主要内容，积极探索创新社区治理模式，取得了初步成效。截至 2021 年 8 月，道里区已基本形成社区基础设施完备、制度建设规范、居民自治形式丰富、人才队伍优化、多方主体积极参与的基层治理格局。

【基本做法】

一、在“减”字上求突破，切实减轻社区工作负担

近年来，“行政化”办公让社区工作负担越来越重，社区工作人员难有时间通过实际走访了解辖区居民实际需求。针对这一情况，

道里区下决心解放思想，对社区证明事项繁多等问题进行全面清理，力求试水探底、归根溯源。

找准问题，探索出路。道里区立足区情实际，由区编办组织街道梳理出街道工作事项清单482项，街道权责清单42项，通过清单的梳理，厘清区、街工作界限。以此为基础，抽调区内相关业务部门人员组成工作组，通过走访了解，对街道社区政务服务和公共服务事项进行梳理，制定街道社区事务受理服务中心工作事项清单，根据清单逐项制定标准化办事指南、办理要件和流程图，同时逐条分析研判清单上出具证明事项的必要性。截至2021年8月，66项公共服务事项中可直接办结22项，各类材料、证明清理减并和共享力度明显加大。整合再造办理流程和申报材料，实行街道社区一体扁平化服务，依托网上政务服务平台，减少办事层级，避免群众既跑社区又跑街道，真正做到“最多跑一次”。

立足为民，强力推进。道里区高度重视街道社区服务管理创新工作，协调相关部门积极配合，最终确定涉及各部门需要的社区证明事项全部取消。与此同时，区财政拿出1500万元为街道社区事务受理服务中心进行装修改造、增添设施设备，每年为全科窗口服务人员和网格管理人员生活待遇提标给予500万元专项资金保障。通过一系列的顶层设计制度安排，为全区街道“一站式”政务服务创新改革的顺利推进提供了重要支持。

二、在“管”字上出实招，切实畅通群众办事途径

社区证明事项的全面取消，方便了居民群众办事，同时对相关职能部门提出了更高要求。为此，道里区进一步加强管理，不断加大对行政部门的约束监督。

实行负面清单管理制。政府相关职能部门和行政审批服务机构将要确定取消的社区证明事项列为行政审批和公共服务的负面清单，不再要求社区居民委员会出具负面清单内的证明事项。

推行信息共享核查制。依托“互联网+政务服务”信息共享平台，实现数据资源多渠道、多方式共享利用。凡是通过政务服务平台可以查询或核查的数据信息，不得再向当事人索要相关证明。对于没有实现共享共用的数据信息，由政府职能部门或单位之间协调查询核实；对于暂时无法通过数据信息比对的，由行政审批部门负责核查或有偿委托第三方服务。

压实部门责任。依托市长热线，及时受理群众反映的问题，严肃查处以无法核查数据信息等为由拖延办理行政审批和公共服务事项的当事人和单位。因社区居民委员会证明事项引发的信访问题，由要求出具证明的行政部门承担责任。

建立个人承诺诚信制。对于数据信息缺失、无法查询核实的证明事项，通过个人书面承诺告知的办法解决。按照社会信用体系建设的有关要求，完善个人守信激励和失信惩戒机制。

建立特例规范制。对外省来哈尔滨人员要求出具的特殊证明，按照特例出具，但需遵循规范性流程，并全程留痕备查。

三、在“增”字上做文章，切实提高社区治理效能

在社区证明事项取消的基础上，为实现社区回归自治本位、实施聚力共治、提升服务水平，道里区积极探索开展了街道“一站式”政务服务创新改革，形成了“全科服务+网格管理”的街道社区治理新格局。

合理设置街道社区服务平台。道里区将街道辖区内原社区“一

站式”办公大厅和街道办事处大厅进行整合，成立了街道社区事务受理服务中心，主要办理各类行政事务和政务服务事项，实现居民到受理服务中心就可以直接办理业务。服务中心可依据流程即时受理，审核窗口按照A、B岗设置，每名工作人员既承担前台服务业务，同时承担后台审核办理业务。从工作机制上让窗口服务和网格服务无缝对接，为居民提供更贴心、更便捷的服务。

创新街道社区服务机制。道里区以居民需求为中心，推行“一窗受理，综合服务”模式，即将分散的多个部门服务窗口整合为一个综合服务窗口，可以办理人社、民政、老龄、残联、计生、城建等各类服务事项，实行一口受理、综合服务。实施全科服务以来，通过点对点培训、结对互学等形式，使窗口人员全面掌握服务中心所受理的全部业务，办事窗口由“专办”转变为“通办”。同时，制定受理服务中心窗口人员工作守则，实行首问负责制，提供预约服务、延时服务、陪办帮办服务等。此外，探索将84项四级网办事项延伸至社区，进一步方便企业、群众办事，把服务送到群众家门口。

优化服务流程。从成立街道社区事务受理服务中心起，道里区实行3个“全通”服务，即社区居民委员会实行“全岗通”，公共服务实行“全科通”，社区服务实行“全网通”。服务体系由街道社区“两级流转”变为街道“一级办结”，压缩了办理流程，便民利民、集约高效的服务得到居民群众高度认可。

规范社区协商。社区居民委员会将开展居民自治作为重要工作任务，工作形式由原来的“坐诊”转向“巡诊”。道里区实行街道、社区、网格三级网格管理机制，实行街道包保网格、社区管理网格、格长服务网格。网格管理员每天必到网格巡查，科室每周必到网格督导，街道包片领导定期了解网格管理落实情况。将社区公益性岗位人员全部充实到网格管理工作中，作为专职网格管理员，专项负责其所在网格内的大事小情。网格化管理创新剥离了许多行政工作事项，加大了服务百姓的精细化程度。同时，广泛吸纳辖区派出所民警、物业服务企业工作人员、社区医生、退休党员、志愿者等担任网格协管员，协助社区开展网格化工作。

推进工作人员待遇均等化。道里区坚持问题导向，着力破解“同在社区工作、薪酬待遇不统一”的问题，打破原有岗位界限，对公益性岗位人员进行重新分工，通过考试将优秀人员纳入窗口作为全科服务人员，实行绩效考核、动态管理；根据考核结果发放绩效津贴，激发了窗口工作人员和网格管理员服务的主动性和积极性。通过采取设立岗位津贴方式，对不同工资标准的社区公益性岗位人员进行待遇补差，其中，全科窗口人员生活待遇标准同社区专职社工，在原有保险基础上增缴公积金；网格管理员生活待遇标准同政府雇员，有力调动了大家的工作积极性。

专家点评

黑龙江省哈尔滨市道里区以全面取消社区证明事项为手段、以创新社区服务平台设置方式为依托，促进政府行政改革，改进基层考核评价体系，切实减轻基层负担，效果明显。

首先，对社区应承担的事项做减法，减少了办事层级，减轻了社区的工作压力。还根据社区服务与发展的需要，从工作手段、工作载体、服务体系、服务标准、服务能力等方面进行改进，优化服务流程，便民利民、集约高效。

其次，社区从负面清单管理、信息共享核查，到由社区证明事项引发的信访问题问责制等改革创新，推动了政府部门职能转变，提升了改革的整体效能。

最后，不管是街道社区事务受理服务中心的设立、综合服务窗口的设置，还是社区居民委员会“全岗通”、公共服务“全科通”、社区服务“全网通”诸方面的改革，道里区都坚持以居民需求为中心，以城乡社区群众的获得感为评价尺度，确保了基层治理改革正确的发展方向。

强化职业体系建设
激发社区工作者队伍活力
——上海市徐汇区深化社区工作者全面成长机制的实践探索

【背景介绍】

徐汇区位于上海市中心城区西南部，区域面积 54.93 平方千米，辖 12 个街道、1 个镇，共有 303 个居民委员会，常住人口 108 万人。作为上海海派文化的发源地，徐汇区历史底蕴比较深厚，区位优势比较明显，城区文明程度和居民综合素质较高。近年来，徐汇区持续加强民生工作探索创新，注重城区管理建设硬实力和基层治理服务软实力同步提升，城区综合竞争力不断增强。

2014 年，上海市在进行创新社会治理加强基层建设“1+6”改革（上海市委《关于进一步创新社会治理加强基层建设的意见》和 6 个配套文件）的过程中，将社区工作者队伍建设作为改革的重要组成部分，明确提出要建设一支结构合理、素质优良、能力突出、群众满意的职业化、专业化、规范化社区工作者队伍，出台了《上海市社区工作者管理办法（试行）》，在全国创新设置社区工作者职业序列。徐汇区在深入贯彻落实市委“1+6”文件、加强社区工作者队伍建设过程中，以社区工作者“全面成长计划”为抓手，系统梳理“社区工作者管理和使用涉及部门多、覆盖范围广”“整体协同不足”“队伍本领恐慌”“专业素质薄弱”“考评方式单一”等制约社区工作者队伍建设的瓶颈问题，以基层、问题、专业和成效为导向寻求破题方法，推动社区工作者职业体系建设取得积极成效。

2019年，徐汇区以“深化社区工作者全面成长机制探索实践”为主题，开启了全国社区治理和服务创新实验区的工作探索，旨在通过实验区建设，强化政策配套，补上能力短板，激发队伍活力，推动治理创新，打造具有徐汇特色的社区治理人才队伍建设品牌。

【基本做法】

一、开启资源整合的部门协作模式

围绕解决社区工作者管理和使用涉及部门多、覆盖范围广，资源分散、协同不足、合力不够的老大难问题，徐汇区健全“4+13+X”的多方管理机制，打破部门工作壁垒和惯性思维，强化各方资源的共用共享，突出政策举措的综合集成。由民政局、地区办、组织部（编办）、人社局4家区职能部门牵头，13个街镇组织实施，相关部门、群团组织和社会组织共同参与，推动区、街镇、社区各类服务资源、服务项目向社区工作者开放支持，形成协力推进社区工作者全面成长的良好氛围。

二、健全人岗相适的择优选拔机制

严把队伍入口。用好“选任、招聘、定向、转任”4种社区工作者进入方式，优化面试与职业能力测试相结合的择优录用机制，实行试用期筛选机制，注重人岗匹配度，不让“一张试卷”挡住适合的人。注重在转型发展企业、社会组织、优秀大学生中选聘素质优良的人员进入社区工作者队伍，拓宽队伍来源渠道。

强化队伍管理。加强日常指导，定期开展街镇社区工作者业务培训，帮助街镇健全招聘录用、日常巡查、工会福利、薪酬待遇等人事管理和财务管理制度。规范劳动用工，以劳动合同法为依据，补充完善劳动合同内容，进一步明确社区工作者岗位职责、工作纪律、教育培训、考核评价、惩处措施等具体要求。

建立成长档案。坚持以人为本，加强资源整合，立足社区工作者岗位职责和职业发展规律，建立社区工作者全面成长档案，全方位、全过程记录招聘录用、薪酬福利、岗位晋升、学习培训、实践锻炼、项目实施、课题调研、考核评价等社区工作者个人信息，实现职业发展和成长路径“一人一档”。

三、加强岗位履职的支持保障体系

助推全岗发展。推进服务型居委会建设和邻里小汇品牌打造一体化发展，重塑居委会办公服务空间，打破传统以条为界工作模式，制定全岗接待服务指南，落实分片包块工作机制，推动社区工作者将更多时间用于“走百家门、知百家情、解百家忧、暖百家心”。发挥“法律顾问、救助顾问、养老顾问、公益顾问”等社区顾问专业支持作用，编印更新社区工作政策汇编、社会建设创新项目汇编、基层社区治理实务指南等系列资料，为社区工作者开展学习培训、实务操作、案例分析提供工作指南。

补充专业支持。立足社区工作者岗位职责构成、胜任能力要求和职业发展现状，形成涵盖“基础能力、岗位要求、自我增值”等不同维度的岗位职责清单、履职能力清单和成长课程清单，探索完善以能力为中心的社区工作者队伍培养发展团队模式，为街镇开展教育培训提供参照模板。要求45岁以下社区党组织书记、社区工作者须参加全国社会工作者职业水平考试，推动社区工作专业化。

强化信息支撑。完善优化徐汇区第二批全国社区治理和服务创新实验区“社区治理服务云平台”实验成果，结合推进城市治理数字化转型任务，依托市“社区云”和区“一网统管”平台，建立社区治理主题数据库，打通数据壁垒，加强数据应用，实现数据赋能，打造社区工作者履职支撑数字化应用场景，为社区工作者日常履职提供人口房屋数据反哺、民生标签分级管理、走访巡查即时上报、政策资源实时查询、典型案例学习借鉴等智能智慧支撑。

四、构建分层分类的教育培训体系

构建立体化培训体系。制定《徐汇区基层队伍教育培训三年行动计划》。以提升统筹协调、服务群众、依法治理、政策执行、信息化运用等能力为重点，深化区、街镇、社区的分层分类培训。区层面建立涵盖“基础培训、能力提升、经验总结”等模块的系统化培训体系，举办精细化治理、汇治理大讲堂、社工成长训练营等示范型、提升型、进阶式培训班；街镇层面开展社区工作者初任培训和全员轮训，制定社区工作实务操作手册、流程图、岗位说明等，为社区工作者提供标准化、模块化工作指南。原则上，新任职居民委员会主任需完成24学时初任培训，新任职社区工作者需完成32学时初任培训；居民委员会主任每年需完成不少于40学时培训，社区工作者每年需完成不少于16学时培训。

加强课程师资。实施“专业导师＋实践导师”双导师制度，从高校、部门聘任选任一批“专业导师”，从基层、社会组织培养选拔一批“实践导师”，建立项目团队，为优秀社区工作者骨干提供居民自治共治项目全程指导。建立“社区问题+解决方案”案例课程库，按照问题导向，聚焦住宅小区综合治理、业主委员会、物业服务、垃圾分类、楼组建设等社区治理“疑难杂症”，梳理提炼基层典型案例，建立社区工作微课堂。

强化实践锻炼。建设“邻里汇”社会治理创新实训基地，发挥“邻里汇”社会组织、社区工作者、专业社工等集聚效应，开展现场教学、短期实训、名师带教，帮助社区工作者开阔视野，提升项目策划和组织实施能力。推动社区和社会组织骨干人员双向挂职，发挥区社会工作协会、街镇社区基金会等枢纽性、支持型社会组织作用，引导社区工作者与社会组织建立合作伙伴关系，增强互信了解，推动资源共享，促进多方主体共同参与社区治理。做实街镇优秀社区书记工作室，发挥传帮带作用，新任职社区工作者一年内需在书记工作室累计完成不少于一周的岗位实践。

徐汇区开展精细化治理大讨论活动

五、关心社区工作者的成长进步

完善考评机制。优化自上而下考核和自下而上评议相结合的社区工作者考核评价体系，更加注重群众评议的科学性和合理性。区层面明确考核评价的主要内容、程序、方式，组织进行第三方满意度测评；街镇层面结合实际情况制定具体实施办法，组织开展考核评价。加强考评结果运用，对考评结果处于末位的，进行谈心谈话和岗位调整，增强社区工作者竞争意识和危机意识，努力形成多劳多得、按质取酬、激励优秀的分配导向，充分调动广大社区工作者工作积极性。

畅通发展通道。加强居民委员会主任后备队伍建设，优化社区工作者“三岗十八级”岗位设置，指导街镇在社区设置一批“主管”岗位，定期开展岗位竞聘，让社区工作者“工作有盼头”。加强社区工作者中优秀人才选树，培养发展优秀社区工作者加入党组织，鼓励支持优秀社区工作者参加党政机关、事业单位招考以及群团组织遴选，让社区工作者“进阶有通道”。2019 年 1 月至 2021 年 8 月，徐汇区先后有 4 人入选区级人才库，1 人获评全国先进工作者，1 人获评全国三八红旗手，1 人获评全国抗击新冠肺炎疫情优秀城乡社区工作者，3 人获评上海市抗击新冠肺炎疫情先进个人，1 人获评上海市最美城乡社区工作者，并有 2 人通过群团组织遴选方式进入公务员队伍。

营造职业认同。加强资源统筹，规范社区工作者岗位着装和行为规范，树立社区工作者良好职业形象。落实体检、疗休养、工会关爱等福利政策，不断增强社区工作者获得感。定期举办社区工作者文化节、风采展示、技能比武、任职宣誓等品牌活动，宣传最美社区工作者和“走四百”服务标兵先进事迹，不断增强社区工作者岗位认同感。实施“百名优秀社区工作者”培育计划，形成徐汇“百名优秀社区工作者”人才库，发挥模范带头作用，不断提升社区工作者职业荣誉感。

专家点评

上海市徐汇区大力探索社区工作者职业体系建设的基本路径，通过构建环环相扣的社区工作者成长支持体系，有力提升了社区工作者的治理与服务能力，为社区治理体系与治理能力现代化提供了重要支持。其核心亮点如下：

为社区工作者深耕社区建立持续、稳定的发展预期。在落实上海市社区工作者“三岗十八级”岗位设置制度的同时，徐汇区进一步畅通社区工作者发展通道，破解社区工作者发展职业“天花板”问题。此外，徐汇区还通过建立成长档案、提供跨部门资源等方式为社区工作者的发展提供重要支持。

为社区工作者能力提升设置精准施策的支持体系。徐汇区为社区工作者专业能力提升设置了分层、分类的职业培训体系，如涵盖不同领域的模块化培训、“专业导师＋实践导师”的双导师制度等，为社区工作者不断提升服务群众、化解矛盾能力提供了可靠支持。

为社区工作者有效开展工作提供多维保障体系。徐汇区通过助推社区工作者全岗发展、社区信息化支持体系等方法，从多个维度为社区工作者更好服务群众提供支持，使社区工作者在面对复杂问题时不再“单打独斗”，而能依托一套可靠的支持保障体系。从长远来看，这些做法对社区工作者减负增能也具有重要作用。

“天天开心”的15分钟生活服务圈

——湖南省长沙市天心区建设五大生活服务圈一体化运作公共服务体系的实践

【背景介绍】

天心区地处湖南省会长沙市的南大门，总面积141平方千米，常住人口83.6万人，下辖14个街道，共有86个社区、12个建制村，是底蕴厚重的文化景观区、人气旺盛的商业中心区、环境优美的生态示范区、区位独特的省府新城区。近年来，天心区围绕打造“融城核心、璀璨天心”的战略定位，区域经济社会发展实现稳中有进、进中趋优。在经济高速发展的同时，社区治理和服务创新也存在一些问题，如政务服务的便捷化、信息化程度有待提高；社区服务居民的设施场所数量不足；社区服务内容不够丰富，服务方式不够创新；辖区单位、社会组织、各类志愿者团队以及社区居民群众对社区治理与服务的参与度有待提高等。

为有效推动社区治理和服务创新，2019年，天心区结合区域实情，围绕关键领域、关键环节、关键内容，秉承“服务群众、方便群众、造福群众”的理念，以“打造社区15分钟生活服务圈”为主题，开启了全国社区治理和服务创新实验区的工作探索。成立了以区委书记任顾问、区长任组长的创建工作领导小组，明确了包括区委办、区委组织部、区民政局等23个区直部门和14个街道为成员单位，印发创建实施方案及各项配套政策文件35个，将创建工作纳入全区经济社会发展总体规划和全区工作绩效考评。全面铺排15分钟生活服务圈基础设施项目，积极推行网格化、就近办、全岗通等系列改革，大力培育社区社会组织、实施政府购买，通过硬件、软件一起抓，面子、里子一起管，让居民群众享受全覆盖、全方位、全开放的优质服务。编制了圈内设施建设两年行动计划，重点建设“红色党建圈”“政务服务圈”“便民幸福圈”“云端智慧圈”“睦邻朋友圈”五大生活服务圈，力争让居民群众“生活在天心、天天都开心”。

【基本做法】

一、坚持党建引领，着力打造“红色党建圈”

坚持分类实施，强化社区党建带动社区治理。针对商务楼宇集聚的“长沙外滩”，通过“四融四聚”（融力量，聚保障构建持续推动力；融资源，聚合力启动发展新引擎；融管理，聚服务提升红色正能量；融目标，聚能量铸就多维共赢圈），打造15分钟党群服务。针对机关企事业单位众多的“省府新区”，探索“一化双联三服务”（“一化”即区域化党建，建立党建联络员沟通、党建联席会议协商、“大工委”决策机制；“双联”即机关企业联社区、党员联群众；“三服务”即服务区域发展、服务社区建设、服务居民群众），整合辖区单位党建资源，搭建全方位、宽领域、多层面的对话交流与协作共建平台，积极构建区域化党建大格局，让“小社区”撬动“大单位”。针对基础相对落后、条件相对薄弱的暮云片区，打造“一核多极”党建服务体系，以街道、园区党群服务中心为载体，以党代表工作室、党群服务站、党小组联络点等为纽带，通过派驻党建指导员、联络员等，搭建党群沟通桥梁，提升管理服务水平。

延伸治理末梢，探索“三位一体”综合基地建设。积极推动“把支部建在小区”，形成“小区党支部—楼栋党小组—党员中心户”小区党建格局。实行小区党支部与业委会“双向进入、交叉任职”，成立区级物业行业党委，选聘辖区内规模较大的物业服务企业党组织负责人担任党委委员，强化党组织在物业行业的影响力。以社区党群服务中心为中心点，以网格、邻里、商圈、楼宇等党群服务中心为辐射点，编织起社区横向到边、纵向到底的服务网络。截至2021年8月，共建设三级党群服务中心183个，商圈楼宇党群服务中心10个，打造“15分钟党群学习服务圈”190个。率先在全省建立区、街级社会组织和社会组织党组织“双培”基地，为社会组织提供组织培育、资源对接等服务，采取单独建、联合建等方式，配备1至2名专（兼）职党建指导员指导组建社会组织党组织，实现双覆盖。

强化示范引领，打造“红色社区之路”。发挥基层党组织战斗堡垒和党员先锋模范作用，发挥李丽心灵教育中心、小蜜蜂志愿者协会等一批有担当、有影响的社会组织和“中国好人”杨士泉、“中国好人”汤俊杰等一批优秀社会组织带头人的示范引领作用。依托湖南第一师范、贾谊故居等丰富党史资源，建设推出“心中的梁家河”“红船映初心”等学习打卡地，打造“不忘初心兴天心”的“红色社区之路”，传承红色基因，激发社区治理新活力。

二、优化政务服务，着力打造“政务服务圈”

全面推行网格化综合服务改革。积极探索“四纵四横”社区网格化综合改革，将全区划分为 418 个基层网格，梳理入网事项 222 项，将职能部门和街道工作力量下沉网格，设定每月 28 日为“无会日”，全区 598 名科级干部定期深入驻点社区倾听民意、服务基层；建立“发现—立案—派单—处理—反馈—核查—评价”的工作体系，推行“网格吹哨、区街报道”和 ABCD 四级问题处置机制，确保“人在网中走、事在格中办、绩在网中考、民在网中乐”。

全面推行“一件事一次办”“就近办”改革。编制权力清单，梳理政务服务事项 2905 项（依申请类 520 项，依职权类 2385 项），确保“一张表”管到底。下放涉及社会保障等与群众生活密切相关的 223 项政务服务事项到街道、社区。开设长株潭一体化政务跨域通办专窗，与毗邻的株洲市石峰区、湘潭市岳塘区实现涉及人社、卫健等领域的 28 个事项跨域通办。推行政务服务“容缺受理”“减证办”以及三级联动“帮代办”。

提高社区服务居民能力。将社区综合服务设施建设纳入城乡规划，楼盘小区配套社区办公服务用房（含养老服务用房）的审核纳入区民政局职责职能，区民政局对楼盘小区是否配备、配套位置、配套面积进行把关，为打造社区 15 分钟生活服务圈提供服务载体。全面推广社区“一门式”服务、全岗通改革、无差别受理、错时上下班，强化“前台受理、后台办理”，实现“一人在岗、事项通办”，为居民群众提供全天候、全方位的“在线”服务。

三、落实民生项目，着力打造“便民幸福圈”

坚持问需于民。围绕“历史、环境、宜居、宜游”，实施老旧小区改造和有机更新，补齐社区建设的不足和短板，老旧社区焕发青春。建设历史文化步道，保留历史风貌，让老城区迸发新活力。针对买菜不方便的问题，提质建设一批农贸市场；针对看病难的问题，实施基层医疗卫生机构规范化建设和能力提升三年行动计划，加快街道社区卫生服务中心设施改造和设备更新。

突出重点项目。以打造 15 分钟养老服务圈为重点，用心铸就“天颐”养老民生品牌。着力抓好养老骨干网建设，落实区、街道、社区三级责任，加快建设街道综合养老中心、社区养老服务站点，引进品牌养老机构，完善“一街一中心、一社一点、全区多机构”三级养老服务网络，全区社区养老设施覆盖率超过 90%。

强化兜底保障。将关爱帮扶困难群众作为“便民幸福圈”的基础工作和底线工作，实施“爱心天心”困难帮扶工程。全面摸排，建立困难群体需求清单和社会爱心力量资源清单，为全区特殊困难群体给予基本生活、医疗、就业、住房、急难等五项帮扶。按照供需匹配的原则，推动社会力量结对认领和结对帮扶困难群众。逐步构建了“政府引导、社会参与、部门协同、四级联动、属地负责”的困难帮扶工作格局。

四、强化信息化手段，着力打造“云端智慧圈”

推行智慧系统。开发 15 分钟生活服务圈便民智慧系统，通过“互联网 +”、电子地图、大数据等信息技术手段，打造公共信息服务平台，开辟便民服务功能，居民群众可随时通过手机查询公共服务设施，办理379项“最多跑一次”事项以及进行“网络问政”。

推行智能服务。建设5G人工智能示范社区，发布“AI+安防”“AI+社区”等10个人工智能应用场景，在环卫、安防等领域推行智能服务，24小时自助图书馆、“线上购物、线下配送”的生鲜超市等智能化触角延伸到了居民家门口，为智慧城市样板打造了“AI高地”。

推行“全程网办”“一网通办”。对于公安、民政等重点民生领域100个高频政务服务事项，大力推行“全程网办”“一网通办”。积极探索“24小时自助服务”政务服务模式，企业、居民可自助查询依申请类政务服务事项624项，自助办理社会保障等高频服务事项117项。依托超级大脑的RPA智能机器人，将老年人优待证、就业登记、城乡居民养老保险参保登记事项等办事窗口移到线上办理。

五、注重多方参与，着力打造“睦邻朋友圈”

健全完善“三社联动”机制。在全省率先出台《政府购买社会服务实施办法》，探索“培训+督导+实战+品牌”的“1+4”孵化模式，促进社会组织发展由数量规模型向质量效益型转变。在全省率先启动街道社工站建设，聚焦群众关切，引导专业社工融入“一圈”（即社区15分钟生活服务圈）、“一格”（社区网格），将其变为家门口的民生服务站，实现“社工站在社区、社工在小区、服务在基层”。组建“三社联动”社区公益服务空间站，通过项目购买、项目补贴、项目奖励等形式将居民需求转化为社会组织承接项目、社工团队执行项目、面向社区实施项目，形成了“1+1+1”（1名资源拥有者和1名资源需求者在1名社工协调引领下结对子）“机构+院校”“四方合作”“社区整合”四种社区服务新模式。

天心区新开铺街道桥头社区率先组建全省首个“三社联动”社区公益服务空间站

搭建“有事好商量”议事平台。出台基层民主协商文件，通过制定协商规则、明确协商内容、确定协商主体、拓展协商形式、规范协商程序，规范基层群众议事协商，培育了“桂花议事堂”“书记听我说”“开放空间”等议事协商品牌。坚持“事情共议、资源共享、难题共解、文明共创、活动共办”，强化共建共驻共享，辖区企事业单位对居民群众开放共享各类服务设施 130 余项。

引导居民自我管理自我服务。针对车辆乱停乱放、宠物饲养等问题，积极引导居民通过修订居民公约加以规范。实行微治理，推行“巷长制”“栋长制”“片长制”，家长管小家、栋长管楼栋、片长管网格。积极推行“小公约”撬动“大治理”、“小协会”凝聚“大和谐”、“小平台”激发“大智慧”等基层治理经验，形成多方参与、共建共享的社区治理新格局。

专家点评

当前，城市基层公共服务体系建设面临的挑战突出表现在三个方面：如何高效整合不同类型服务资源，如何构建一体化运作的公共服务体系，如何对公共服务设施进行科学布局，以更科学高效的模式来配置服务设施与资源。

天心区在“打造社区15分钟生活服务圈”的改革过程中，逐步探索了应对上述挑战的有效方法。一是以党建引领为抓手，整合多方服务资源。天心区通过强化社区党建，有效动员社区中不同类型的公共服务资源，积极构建区域化党建大格局，让“小社区”撬动“大单位”，吸引多方为群众提供服务，激发了各类社会主体的服务意识，探索了党建引领下的基层民主协商机制。二是以优化政务服务为着力点，提升公共部门精准服务能力。天心区通过全面推行网格化综合服务改革、“一件事一次办”“就近办”改革、强化信息化手段等举措，推动政府部门资源下沉、服务流程再造，破解了公共服务中的“信息不对称”难题。三是以优化公共设施布局为切口，探索公共资源合理配置的新路径。天心区将城市公共服务设施建设与民生服务事业整体融合，通过坚持问需于民、突出重点项目等方式布局公共服务设施，更好实现了以需求为导向的公共资源有效配置。

五大保障助力基层高效治理

——青海省西宁市城西区以党建引领构建多级联动、多方参与的社区多方共治体系

【背景介绍】

2016年以来，西宁市城西区人口数量剧增，人员构成复杂、价值多元，社区治理的压力不断增大，小区治理不了、社区治理不好的现象日益凸显。

2021年6月，习近平总书记在考察青海省西宁市城西区文汇路街道文亭巷社区时指出："要把社区作为民族团结进步创建的重要阵地，发扬各族人民手拉手、心连心的好传统，共同建设民族团结一家亲的和谐家园。社区治理得好不好，关键在基层党组织、在广大党员，要把基层党组织这个战斗堡垒建得更强，发挥社区党员、干部先锋模范作用，健全基层党组织领导的基层群众自治机制，把社区工作做到位做到家，在办好一件件老百姓操心事、烦心事中提升群众获得感、幸福感、安全感。"

城西区委、区政府坚持以习近平新时代中国特色社会主义思想为指导，认真贯彻中央和省市关于加强城乡社区治理的决策部署，始终把社区建设和城区建设同步推进、社区功能和城市管理同步完善、社区服务水平和人民生活质量同步提高，不断加大社区建设和

管理力度。在强化城乡社区治理组织建设、制度保障、基础保障、精准服务、市域治理上出实招、下大力，夯实基层治理根基，创新城乡社区治理体制机制，提升社区治理和为民服务水平，推进社区治理体系和治理能力现代化，努力构建共建共治共享的城乡社区治理格局，不断书写幸福西区建设新局面。

【主要做法】

一、强化组织保障，健全社区多方共治组织体系

组织领导全面加强。成立社区建设工作议事协调领导小组，不定期研究解决工作中遇到的困难和问题，并将加强和改进城乡社区治理工作纳入年度考核范围，确保责任层层落实。

党建引领有效发挥。依托区域化“五级联动”党建联盟平台和“省—市—区—镇（街道）—社区”五级党组织党建资源优势，围绕党建、社会管理等方面的重大事项，搭建了党员议事会、理事会和圆桌听证会等议事平台。同时，将支部建在楼宇、小区，与辖区机关、企事业单位开展共驻共建，汇聚社区治理力量。辖区 562 个小区组建党支部 162 个，实现小区支部全覆盖。

队伍建设成效明显。以换届选举为契机，选优配强社区“两委”班子。通过“走出去”“请进来”的方式，每年组织社区主要负责人赴外地进行培训，培训人数达 1929 余人次。

二、强化制度保障，完善社区治理创新政策制度

工作机制更加优化。出台《城西区关于加强镇（办）服务能力建设的实施意见》《关于进一步改进社区工作的十条措施》，形成了

区、镇（街道）、社区三级联动工作机制。

减负增效纵深推进。建立城西区各部门需要办事群众（企业）提供的证明目录，落实社区减负增效工作，严把准入关口。凡涉及社区新增、调整的工作事项，必须履行入驻社区工作的准入程序，职能部门不得直接下派，切实减轻社区负担。

议事协商和居务公开有效规范。制定《城西区“三资”管理制度》《城西区“三资”财务公开制度》等规定，认真落实“三议一表决”等社区民主议事协商决策制度。

三、强化基础保障，改善社区治理与服务创新条件

社区服务设施全面改善。2016年至2021年，投入资金2.3亿元，以改建、新建、购置等方式开展社区硬件设施提升改造工程。截至2021年8月，新建15个，改扩建6个，全区31个社区综合服务中心平均面积达773平方米。截至2021年，投资4.9亿元，实施养老服务项目44个，建成医养结合养老示范基地1个、镇（街道）级日间照料中心2个、社区日间照料中心33个。大力开展社区减灾避灾科普宣传教育，投资220余万元，在全区建成微型消防站47个，配备独立式火灾探测器3200个、消防急救包400余套，实现乡镇（街道）、社区微型消防站全覆盖。

社区工作经费保障有力。将社区运转经费列入年度财政预算，在省、市规定标准基础上，区财政再提高2万元，实现社区年运转经费12万元。2016年至2021年，按照每个社区每年20万元的标准，拨付为民服务专项经费3502万元、办公经费2117.6万元。

社区工作者待遇稳步提高。在落实省市社区工作者待遇报酬体系

的基础上，2021 年为全区 275 名社区工作者缴存住房公积金，购买社区社会团体人身意外保险，发放创建民族团结进步奖奖金、取暖费，并按照上一年度机关工勤及事业单位在编在职人员标准的 60%和 50%，发放目标考核奖。发放新冠肺炎疫情防控经费，截至 2021 年 8 月，为 1164 名抗疫一线社区工作者发放工作补助 343.54 万元。

四、强化服务保障，提升社区治理与服务创新水平

社区服务体系不断完善。截至 2021 年 8 月，投资 3600 万元，建设 2400 平方米的社会组织孵化服务中心，引进 17 家社会组织为全区开展社会工作服务和社区便民服务。投入资金 470 余万元，为 8842 名老人购买养老服务，提供上门服务 4.5 万余次。开通城西智

城西区文汇路街道文亭巷社区老人在“爱老幸福食堂”就餐

慧养老服务平台，建设“爱老幸福食堂”，建成“中央厨房”9个、“幸福食堂”41个、“幸福餐桌”助餐点59个，构建15分钟助餐送餐配餐服务圈，累计为29万余人次老年人提供就餐服务。

社区服务内容不断拓宽。率先在全省出台《城西区对困难群众精准帮扶的十二条措施》和《城西区困难群众精准帮扶工作措施》，兜底发放各类补贴、救助金1.16亿元。建立社区“一站式”服务大厅，实行错时（延时）上班、AB岗互补、上门服务。设立社区“四点半”课堂、残疾人之家等服务机构，广泛开展针对特殊困难群体的便民服务。

文化服务水平不断提升。发挥社区在学校、家庭、社会“三结合”服务体系中的纽带作用，截至2021年8月，年教育服务培训量达8400余人次。投资4440余万元，建成“五峰书院”城市书房11个、社区流动图书室30个，挂牌成立了社区“家长学校”“未成年人成长驿站”31个，全民终身学习氛围日益浓厚。

劳动就业服务不断增强。建立健全城乡劳动就业帮扶机制。在全区31个社区服务中心开通就业服务窗口，配备社区劳动就业和社会保障专干31名，通过举办“就业援助月”“春风行动”等活动，提供4万多个就业岗位。截至2021年，就业创业连续5年超额完成目标任务，城镇新增就业3.21万人，农村劳动力转移就业0.96万人，发放就业创业奖补资金2.68亿元，城镇登记失业率控制在2.5%以内。

五、强化法治保障，推进社区治理创新取得新成效

法治社区建设稳步推进。建成6个公共法律服务站，实现社区法律顾问全覆盖。深入推进“法律进社区”系列活动，截至2021年

7月，为9000余人次提供法律咨询，代写各类法律文书90余份，提供法律援助700件，接听12348热线来电咨询2100余次。

社区治安防控体系建设全面加强。投资7000万元，启动智慧西区项目建设，依托公安网社区应用，推进网格化管理，划分社区综合网格455个，配备专兼职网格员549名，横向到边、纵向到底的三级联动服务管理体系初步形成。持续加大群防群治工作力度，积极发动辖区群众、老党员、网格长、物业服务公司人员等3200余人组建红袖标巡逻队213支，对辖区老旧楼院进行巡逻，激活了平安建设“神经末梢”。持续深化“穿警服的社区书记”工作模式，推动社区民警在社区党组织的统一领导下融入社区服务管理和基层治理。坚持科技赋能，发挥“智慧平安工作站”法律服务、法治宣传、互动体验等功能，打造“智慧+”模式，不断深化网格化服务管理，推进社区服务更加精细化。

专家点评

青海省西宁市城西区强化基层治理保障、推进基层高效治理的改革实践表明，社区治理是一项系统工程，需要多方改革的持续保障才能不断深化创新。

其一，党建引领是形成治理向心力的主轴。城西区通过党建引领构建多级联动、多方参与的社区多方共治组织体系，有效构筑了社区治理的组织保障体系，不断推进共建共治共享的社会治理共同体发展。

其二，制度创新是提升社区治理能力的重要着力点。城西区围绕社区减负增效、议事协商等社区治理中的关键问题出台系列制度，不断优化社区治理机制。

其三，投入保障影响基层治理成效。城西区投入专项资金，使社区综合服务设施全面改善，社区工作者经费保障有力，社区工作者薪酬待遇稳步提高，切实增强了基层治理能力。

其四，社区服务是社区治理创新的重要突破口。社区居民对服务和公共产品投放的感受度更敏感，以多层次社区服务为切入点有利于更好获得群众对社区治理工作的支持。

其五，法治保障是社区治理体系与治理能力持续优化的基石。在法治化轨道上探索社区治理创新是构建公平有序基层治理体系的重要前提。

总体来看，只有上述改革举措齐头并进、相互衔接，才能更好推动社区治理体系高效运行。

党建、平安、民生“三网融合”建设平安幸福家园

——贵州省贵阳市观山湖区金阳街道金元社区打造基层治理保障网的实践探索

【背景介绍】

贵州省贵阳市观山湖区金阳街道金元社区成立于2013年，位于观山湖区城市中心腹地，占地0.95平方千米。截至2021年7月，辖区共有居民3525户10969人，企事业单位、商业网点211家。金元社区地理位置优越、交通网络发达、生活配套成熟、社区规划合理。但成立之初，社区党建存在党员队伍老龄化、组织观念弱化、基层党建形式化等问题，在社区治理中面临着流动人口多、矛盾纠纷多等困难和挑战。由于管理和服务水平跟不上，导致社区居民缺乏对社区的认同感和归属感，参与公共事务的积极性也不高。

近年来，金元社区不断完善软硬件设施，为社区居民“量身定制服务”，倾力打造居住环境优美、道德风尚良好、人际关系和谐的幸福社区。2020年，贵阳市积极探索创建让人民群众有更多获得感、幸福感、安全感的“三感社区”，金元社区作为首批试点社区，坚持以党建为引领，以为人民服务为宗旨，以居民所需所想所盼为着力点，融入现代化手段与理念，积极探索党建网、平安网、民生

网“三网融合”的社区治理新路径，凝聚民心、汇集民智、服务民生。

2021年2月4日，习近平总书记来到金元社区，了解开展便民服务、加强基层党建等情况，提出基层强则国家强，基层安则天下安，必须抓好基层治理现代化这项基础性工作。习近平总书记强调，要坚持为民服务宗旨，把城乡社区组织和便民服务中心建设好，强化社区为民、便民、安民功能，做到居民有需求、社区有服务，让社区成为居民最放心、最安心的港湾，为金元社区的治理和社区服务工作指明了方向。

【基本做法】

一、筑牢“党建网”，提升“三个力”

以突出政治功能，延伸党建触角为重点，筑牢“党建网”，不断完善社区党组织工作体系，提升组织力、战斗力、凝聚力。

建强组织体系。创新党组织设置模式，着力构建纵向到底、横向到边的网格党组织工作体系。在纵向上，按照区域相近、规模适当、便于管理的原则，构建以社区党总支为核心、党支部为纽带、网格党小组为支撑、党员志愿服务队为补充的党建工作体系，推动组织覆盖从有形覆盖到有效覆盖。在金元社区党总支的统筹下，辖区按片区设立了2个党支部，延伸建立了6个党小组，组建了以党员为队长的8支志愿服务队。截至2021年8月，金元社区党总支共有登记在册党员86人。在横向上，充分发挥社区党总支的统筹作用，将辖区内的党组织资源整合起来，联合辖区包括开发商、物业以及其他企业在内的15家单位成立了“共治委员会”，签订“共驻共建协议”15份，采取定期召开党建联席会议的方式，共同研究商议解决居民实际问题。截至2021年8月，“共治委员会”已协调解决辖区治理问题8个。

加强自身建设。充分发挥社区党组织书记带头人作用，创新在职党员、流动党员和离退休党员分类管理模式。严格党内政治生活制度，建立党员报到制度，常态化开展“三会一课”、主题党日、过政治生日等活动，积极探索党员积分管理机制，通过组织开展“每月小排位，年终大评比”等活动，充分调动社区党员学习、工作热情与争做新时代“活雷锋”的积极性。深入推进“双培”工程，通过把辖区内各领域的业务骨干培养成党员、把党员培养成业务骨干的方式，积极鼓励流动党员到社区报到，共同参与辖区建设。积极开展“退伍不褪色、离岗不离职”主题活动，鼓励离退休党员干部等在社区发挥余热。

联系团结群众。社区党总支以“邻里守望1+N”为主题，通过1名党员带动N名群众的方式，真正把党员的先锋模范和示范带动作用发挥出来，带领居民共同参与社区建设。社区党总支充分整合驻区单位的党建教育资源，紧密结合时代主题创新党员活动形式，按照“月月有活动、个个有主题”要求，制定庆祝中国共产党成立100周年系列活动计划，开展丰富多样的主题活动，例如“传承红色基因·学党史溯初心”息烽集中营革命历史纪念馆现场教学主题活动、党史知识竞赛等。

二、织密“平安网”，守护“千万家”

聚焦社区治理痛点难点，深化运用法治思维和手段，推动“大数据＋社区治理”，不断创新管理理念和管理模式，全力建设平安、和谐、温馨的社区家园。

全面打造“数治小区”。紧扣新时代平安建设这条主线，把大数据融入社区治理中。建设社区综治工作站，研发“数治小区”智慧管理平台，发挥网格化数据案件处置QQ群和贵阳市“筑城微治”等信息联动平台作用，积极与移动部门合作构建“大数据＋服务治理”新模式。通过整合小区监控摄像头、智慧门禁等前端物联网感知设备获取数据信息，实现“人脸识别”和物联网技术在社区的广泛应用。开发智慧平安板块，构建以地图、网格为基础的“人—房—物”关联系统，对社区重点领域、重点人员等进行实时监控，初步实现综合防控的精准化、服务群众的便民化、社区治理的精细化，构建社区平安建设的“大脑”。

推动社区法治建设。探索“党建＋法治”新模式，通过“三个一”（建立一个“法律诊所”、打造一个法治广场、开设一堂法治义务课）的方式，定期组织开展法治讲座、法说新闻、法治故事会等活动，用群众喜闻乐见的形式，有针对性地开展法治宣传教育工作。自2021年1月至2021年8月，开展民法典等专题培训18期，惠及群众约600人次。整合社区综治委员、人民调解员、物业服务公司、驻居民警、业主委员会成员、社区法律顾问、社区保安、红袖标义务巡逻队、治安志愿者等社会防范力量，在小区设置法律援助便民联系点，发放法律援助便民联系卡，开展法律咨询服务和法律宣传活动，加强社区治安巡逻，确保辖区安全稳定，实现了“小事不出网格、大事不出社区”。

深入推进居民自治。坚持“自己的事情自己议，自己的事情自己办”的原则，制定完善社区自治章程和社区居民公约。充分发挥党员参与平安建设的示范带动作用，广泛吸纳社区网格员、“两代表

金元社区在法治文化广场议事长廊开展坝坝会收集社情民意

一委员”、退伍老兵、居民和商户等力量，构建多方参与、齐抓共管的群防群治模式。通过线下成立社区“居民议事会”和“一家亲促膝会”两个平台，线上开通“群众需求直通车”、搭建“同住互帮朋友圈”等沟通渠道的方式，实现居民自己的事务自我商议、自我管理、自我监督，形成了“大家事情大家办、大家社区大家建”的和谐氛围。

三、优化“民生网”，服务“零距离”

聚焦群众所急所需所盼，不断建强社区党群服务站，广泛整合辖区各类资源，大力倡导志愿服务，推动服务到网格、到楼栋。

公共服务更便捷。根据居民服务需求，将新时代文明实践站、新时代学习大讲堂、便民服务大厅等资源整合起来，打造“15 分钟便民服务圈”，统筹建立社区党群服务站，提供党务、政务、物业服务等3大类35项服务内容。截至2021年8月，共计为居民提供各类服务2000余人次。针对辖区老年人、残疾人、“上班族”等办事不方便的问题，社区开通了“全程代理”“网上预约”等便捷化服务，实现居民足不出户就能办成事、办好事。全力打造“文化活动中心”、老年学校、“健康社区”工作站、“公益四点半课堂”、“解铃工作室”等文化娱乐场所，丰富居民文化娱乐生活，提供个性化心理关怀。设置“爱心共享角”，大到冰箱、微波炉等电器设备，小到针线包、雨伞等日常用品，便民服务设施一应俱全，努力实现想民之所想、急民之所急、办民之所需、干民之所盼。

网格服务更精细。紧紧围绕“精细化管理、零距离服务”的网格理念，成立网格化服务管理工作站，统筹协调网格化服务工作。按照“居住分布、方便管理、界定清晰”的原则，在6个网格分别设1名网格长、5名网格员（网格社工、网格协调员、网格执法员、网格协管员、网格共建员），为居民提供全天候服务。建立“治安问题随时随地随发，社区居委会速收速办速反馈”工作机制。2021年3月，金元社区开通“微心愿”收集平台，居民可以通过手机扫码进入平台反映意见和建议，社区收集梳理后及时派单处理，有效提高了居民参与反馈问题的积极性和主动性，真正做到了“民生大小事、件件有着落、事事有回音”。

志愿服务更丰富。采取“党建＋志愿者”的服务方式，成立了“红满园”宣讲队、“小棉袄”志愿服务队、“凤舞金元”舞蹈队、“西江月”民乐队、“翰墨书香”老年书画队、“天行健”太极拳队、“手拉手”法律咨询队、红袖标巡逻队等8支志愿者队伍，共有300余名志愿者。采取上门服务、定点服务、集中服务等方式，把群众需求与服务点对点结合，实现“浓浓爱心化春雨，滴滴润物细无声”，让居民感受到实实在在的温暖。

专家点评

贵州省贵阳市观山湖区金阳街道金元社区积极探索党建网、平安网、民生网“三网融合”的社区治理新路径，压实党委和政府责任，加强基层治理队伍建设和基层治理平台建设，推进基层治理创新，其实践具有一定的参考价值和借鉴意义。

一是筑牢“党建网”，建强组织体系，加强党组织自身建设，为基层治理提供坚强的组织保障。二是加强平安社区建设，建强“平安网”，推动法治、自治建设，不断增强人民群众的安全感。三是坚持以人民为中心，建设“民生网”，以网格服务和志愿服务的精准化、精细化，实现公共服务“零距离”，切实提高人民群众的获得感。该社区的做法表明，推进新时代社区治理体系和治理能力现代化建设要把党建引领、居民自治、社区服务、平安社区创建作为重点工作来抓，通过党建引领的居民自治发展社区服务、创建平安社区，强化社区为民、便民、安民功能，不断增强居民群众的获得感、幸福感、安全感，使社区成为居民最放心、最安心的港湾。

后 记

党的十八大以来，以习近平同志为核心的党中央高度重视城市基层治理，作出一系列重大决策部署，出台了一系列政策措施。各地认真贯彻落实党中央关于城市基层治理的决策部署，不断加强和创新城市基层治理，涌现出一大批城市基层治理的突出典型。为深入学习贯彻习近平总书记关于城市基层治理的重要论述，总结推广先进地区城市基层治理创新经验做法，促进各地互学互鉴，推进城市基层治理水平整体提升，本书精心选编了 33 个城市基层治理创新实践案例，供广大基层干部学习借鉴。

本书由中央组织部牵头，民政部组织编选，全国干部培训教材编审指导委员会办公室审定。参与本书案例编写和修改工作的人员主要有（按姓氏笔画排序）：田芳、刘鸿桥、张军秀、陈日发、陈越良、孟谦、贺更行、高洪山、续慧杰。在编选过程中，中央组织部干部教育局负责组织协调工作，《乡镇论坛》杂志社、党建读物出版社等单位给予了大力支持。在此，谨对所有给予本书帮助支持的单位和同志表示衷心感谢。

编 者

2021 年 11 月

图书在版编目（CIP）数据

城市基层治理实践案例选编 / 全国干部培训教材编审指导委员会办公室组织编写. — 北京：党建读物出版社，2021.11

全国基层干部学习培训教材

ISBN 978-7-5099-1445-8

Ⅰ. ①城… Ⅱ. ①全… Ⅲ. ①城市管理—案例—中国—干部培训—教材 Ⅳ. ①F299.23

中国版本图书馆CIP数据核字（2021）第215410号

城市基层治理实践案例选编

CHENGSHI JICENG ZHILI SHIJIAN ANLI XUANBIAN

全国干部培训教材编审指导委员会办公室　组织编写

责任编辑： 李文雅

责任校对： 钱玲娣

封面设计： 刘伟

出版发行： 党建读物出版社

地　　址： 北京市西城区西长安街80号东楼（邮编：100815）

网　　址： http://www.djcb71.com

电　　话： 010-58589989 / 9947

经　　销： 新华书店

印　　刷： 保定市中画美凯印刷有限公司

2021年11月第1版　2021年11月第1次印刷

710 毫米 × 1000 毫米　16开本　16.75印张　181千字

ISBN 978-7-5099-1445-8　定价：30.00元
